孫子兵法

Sun Tzu

El Arte de la Guerra

Puede hacer pedidos de libros de Balboa Press en librerías o poniéndose en contacto con:

Balboa Press
Una División de Hay House
1663 Liberty Drive
Bloomington, IN 47403
www.balboapress.com
1-(877) 407-4847

Debido a la naturaleza dinámica de Internet, cualquier dirección web o enlace contenido en este libro puede haber cambiado desde su publicación y puede que ya no sea válido. Las opiniones expresadas en esta obra son exclusivamente del autor y no reflejan necesariamente las opiniones del editor quien, por este medio, renuncia a cualquier responsabilidad sobre ellas.

El autor de este libro no ofrece consejos de medicina ni prescribe el uso de técnicas como forma de tratamiento para el bienestar físico, emocional, o para aliviar problemas médicas sin el consejo de un médico, directamente o indirectamente. El intento del autor es solamente para ofrecer información de una manera general para ayudarle en la búsqueda de un bienestar emocional y spiritual. En caso de usar esta información en este libro, que es su derecho constitucional, el autor y el publicador no asumen ninguna responsabilidad por sus acciones.

ISBN: 978-1-5043-2679-7 (tapa blanda)
ISBN: 978-1-5043-2678-0 (libro electrónico)

Numero de la Libreria del Congreso: 2015900941

Las personas que aparecen en las imágenes de archivo proporcionadas por Thinkstock son modelos. Este tipo de imágenes se utilizan únicamente con fines ilustrativos. Ciertas imágenes de archivo © Thinkstock.

Imprimir la información disponible en la última página.

Fecha de revisión de Balboa Press: 03/17/2015

BALBOA®
PRESS
A DIVISION OF HAY HOUSE

A mis hijos, Patricia y Daniel

Reconocimiento

Un reconocimiento póstumo al sinólogo británico Lionel Giles, en cuya versión del Arte de la Guerra al inglés, publicada inicialmente en 1910, basé de manera libre mi propia versión al español… Un reconocimiento póstumo, también, al General del Cuerpo de Infantes de Marina de Estados Unidos Samuel B. Griffith (Oxford University Press, 1963), por la inspiración que derivé de su versión… Y gracias, por último, al Grupo de Traducción Denma (Shambhala Publications, Inc., 2001), cuya versión literal fue mi primer contacto con la obra de Sun Tzu, y de la que también derivé inspiración.

Gracias a mis colegas, los Intérpretes de cabina china Yaw-Tsong Lee, quien me guió en el estudio inicial de El Arte de la Guerra, y Yunqin Yang, quien me ayudó a elaborar el glosario adjunto. Y gracias, ¿por qué no?, a mis demás colegas chinos que, por el ejercicio de interpretación de conferencias que practicamos en la ONU (transmisión del mensaje de un orador dado del chino al inglés y retransmisión de éste del inglés al español), me han permitido captar el "sabor" del idioma chino sin estudiarlo. Ese "sabor", el de un idioma a mi entender en extremo escueto, desnudo de adornos, que asigna importancia suprema a la lógica de los argumentos, fue el que traté de plasmar en mi versión del Sun Tzu.

Índice

Lista de imágenes[1]

---

[1] Es necesaria una pequeña aclaración… Decidí incluir imágenes del Ejército de Terracota del Primer Emperador de China, Qin Shi Huang, a pesar de que su inclusion resulta anacrónica en términos estrictos. En efecto, Sun Tzu vivió dos siglos antes de que fueran moldeadas las figuras que lo componen. Ahora bien, es posible suponer que las enseñanzas de Sun Tzu, acá vertidas, hayan sido fundamentales para las conquistas bélicas y unificación de territorio que convirtieron a Qin Shi Huang en el Primer Emperador. Además, se trata de tan grande tesoro (un ejército de 8.000 figuras, en el que cada figura es única), de tan espectacular y monumental ejemplo de arte marcial que consideré que su inclusión en esta obra bien valía el anacronismo.

Introducción

Hacia el año 2000, Colombia se encontraba al borde del abismo. Tres grupos armados, las AUC, el ELN y las FARC[2], sembraban el terror a lo largo y ancho del país. Las AUC estaban dejando una estela sangrienta con sus matanzas en poblaciones desperdigadas, perpetradas a veces a plena luz del día y bajo el influjo de la música y el ron. El ELN, especializado en acciones de corte "espectacular", acababa de secuestrar a todos los feligreses de una iglesia en Cali mientras oraban, y los había arrastrado en una travesía grotesca de varias semanas por los contrafuertes de la Cordillera Occidental. Las FARC, por su parte, habían institucionalizado la práctica de la pesca milagrosa, o secuestro masivo, en las principales carreteras del país, lo que había reducido al mínimo ese flujo vital para cualquier Estado que es el tránsito de personas y de bienes de un lugar a otro del territorio. Y las FARC y las AUC, en particular, recurrían cada vez más al negocio ilícito del narcotráfico para multiplicar sus ingresos, lo que había dado lugar a un círculo vicioso con consecuencias nefastas para el país: ampliaban y fortalecían un negocio que sumía al país en un remolino de ilicitud, riqueza ficticia y sangre para comprar más armas y, dueños de más armas, quedaban en condiciones de dar muerte a un número cada vez mayor de personas. Así, se había iniciado una estampida desesperada de colombianos de todas las clases sociales hacia cualquier lugar del mundo donde lograran poner pie, por precario que fuera el punto de apoyo que encontraran en el país de acogida.

Aunque yo me encontraba desde hacía largos años en Europa y Norteamérica, ni el tiempo ni la distancia que me separaban del país lograron salvaguardarme de un profundo sentimiento de angustia por lo que estaba ocurriendo. Todos los días leía las noticias de los principales diarios en busca de una luz de esperanza, y lo que encontraba en cambio eran recuentos periodísticos de las peores atrocidades que los seres humanos fueran capaces de cometer unos contra otros. Comencé a preguntarme si era posible que la Colombia en la que había nacido y crecido fuera a desaparecer de la faz de la Tierra. No era una pregunta capciosa. La República de Colombia tenía probabilidades reales de convertirse en un territorio sin dios ni ley semejante al de una Somalia o un Afganistán, un territorio fraccionado en microestados rivales, dominados por señores de la guerra, sumidos en una situación prolongada de estancamiento bélico, ilicitud y barbarie. No sería la primera vez en la historia que desapareciera ese extraordinario hálito de vida que es un Estado, pero esa desaparición, como en todos los casos, representaría una tragedia humana de proporciones cataclísmicas.

En términos concretos, comencé entonces a preguntarme si el Gobierno de Colombia tendría alguna posibilidad de derrotar los grupos armados que se estaban adueñando del país. Como todos mis esfuerzos personales se habían circunscrito siempre al ámbito estricto de la convivencia pacífica, nunca me había acercado al universo de la guerra, por el que sentía profunda desconfianza. Un buen día, al entrar a una librería en Nueva

---

[2] Por orden alfabético, las Autodefensas Unidas de Colombia, el Ejército de Liberación Nacional y la Fuerzas Armadas Revolucionarias de Colombia.

York, vi expuesto, en una de las mesas centrales, un libro sobre la guerra del que nunca había oído hablar pero que parecía ser lo que estaba buscando para tratar de dar respuesta a la pregunta que me turbaba. Se llamaba *The Art of War, El Arte de la Guerra,* y tenía en la carátula un símbolo indescifrable con el nombre de Sun Tzu. Se trataba de una traducción del Grupo Denma, publicada por la colección Shambhala Classics.

El libro me deslumbró. Me enteré de que era un texto redactado hacia fines del siglo VI AC en lo que hoy es el norte de la China por un linaje militar del cual Sun Tzu era el patriarca. En menos de sesenta páginas estaba destilada, en una combinación exquisita y al mismo tiempo escueta, sin pretensiones, gran parte de la sabiduría humana sobre la guerra. La combinación resultaba poderosa. Y lo primero que aprendí fue que era necio ver la guerra como un universo cruento por encima del cual estuviéramos los amantes de la paz pues, que lo quisiéramos o no, entre guerra y paz existía una relación inextricable.

El Sun Tzu no es una apología de la guerra. Desde los primeros versículos del capítulo I, el Sun Tzu establece los parámetros de la guerra en términos que se acercan al concepto moderno de legítima defensa: *"La guerra… es el terreno en que se deciden la vida y la muerte, la senda que conduce hacia la supervivencia o la desaparición".* En los versículos 6 y 7 del capítulo II explica: *"Ningún país se ha beneficiado nunca de la prolongación de una contienda".* *"O sea que sólo alguien que conozca a cabalidad los peligros implícitos en el uso de la fuerza militar podrá entender a cabalidad las ventajas implícitas en el uso de la fuerza militar".* En los versículos 10 y 13, 14 del mismo capítulo, advierte: *"Las campañas militares empobrecen las comarcas: cuando los soldados se encuentran lejos, hay que organizar el abastecimiento a grandes distancias, y cuando hay que abastecerlos a tanta distancia, se empobrecen los cien clanes".* *"Se debilitan las comarcas, y se arruinan los hogares. De los recursos de los cien clanes, se agotan las tres décimas partes",* y luego en los versículos 17, 18, 20 y 21 del capítulo XII pasa a imponer límites adicionales: *"Si un acto no beneficia al estado, no lo realices. Si una acción militar no redunda en algún tipo de ventaja, no utilices tus tropas para obtenerla. Si no te encuentras en situación crítica, no optes por combatir. Pues ni la cólera es razón suficiente para que un gobernante reúna su ejército ni la animadversión lo es para que un general libre batalla. Ya que la cólera puede transformarse en complacencia, y el rencor, en agrado. Pero ni un estado que perezca puede volver a existir ni pueden volver a vivir quienes hayan perdido la vida".* Además, en cuanto a la estrategia para derrotar al enemigo, nos dice en el versículo 2 del capítulo III: *"Así, lograr cien victorias en cien batallas no constituye habilidad suprema; lo máximo en habilidad radica en vencer la resistencia del contrincante sin librar batalla".*

A pesar de la distancia histórica que representan 2.500 años, me sorprendió la pertinencia del Sun Tzu para la Colombia actual. Al igual que en la Colombia de nuestros días, en la China de hace 2.500 años el territorio, geográficamente muy diverso, estaba fragmentado en distintos reinos. Y, si en la China de aquella época los reinos coincidían con el poder ejercido por distintos clanes, en la Colombia de hoy corresponden al poder que ejercen el Gobierno y los tres grupos armados.

Sirviéndome del Sun Tzu como herramienta hermenéutica, comencé a hacerme preguntas. ¿Cómo se podía entender el conflicto colombiano si lo despojáramos de su cotidianeidad impaciente y lo pasáramos por la criba de una perspectiva histórica de milenios, como la del Sun Tzu? ¿Cómo se podía entender el conflicto colombiano si dejáramos de lado las palabras proferidas por sus actores y lo sometiéramos al escalpelo del análisis por los hechos escuetos? Ahora bien, la pregunta que me hacía con más insistencia era otra, la necesaria para conocer el desenlace del conflicto, pues como enseña el Sun Tzu en la estrofa 18 del capítulo III *"El que conozca a su adversario y se conozca a sí mismo ni en cien batallas correrá peligro. El que no conozca a su adversario pero se conozca a sí mismo, por cada victoria que obtenga sufrirá una derrota. El que no conozca a su adversario ni tampoco se conozca a sí mismo, en toda batalla, segura será su derrota".*

¿Exactamente, qué son los grupos armados colombianos? La multiplicidad de características que reúnen ha dificultado siempre la respuesta. Si el devenir social es resultado, en parte, de movimientos comparables a sismos que se producen en un momento dado por la acción de personas o grupos que desempeñan un papel de epicentro, se podría decir que en Colombia estos movimientos telúricos han sido particularmente complejos por el sinnúmero de substratos dispares que han arrastrado en su acción. Sin embargo, se podría aventurar que en lo esencial del conflicto colombiano confluyen dos elementos fundamentales y varios conexos.

1. El primer elemento fundamental sería el psicológico, presente, indefectiblemente, en toda ventura o desventura humana. Quienes dirigen el conflicto colombiano son hombres con profundas heridas, heridas que han impelido la evolución del conflicto. Pedro Antonio Marín, alias Manuel Marulanda Vélez, pero más conocido con el sobrenombre de Tirofijo, ha explicado muchas veces, como nos lo dice Arturo Alape en su libro *Tirofijo: Los Sueños y las Montañas, 1964-1984*: *"Yo no escogí la guerra; la guerra me escogió a mí"*. En medio de la violencia partidista entre liberales y conservadores que azotó el país a mediados del siglo XX, la familia del joven Pedro Antonio comenzó a ser perseguida en el pueblo en que había vivido siempre, Génova, Quindío, por sus simpatías con el dirigente liberal Jorge Eliécer Gaitán. Según Arturo Alape, cuando le avisaron a Pedro Antonio que los matones del Partido Conservador, los Pájaros y los Chulavitas, lo andaban buscando para matarlo, se refugió en casa de un tío y organizó una banda de autodefensa integrada por 14 hombres, todos ellos primos suyos. Esa pequeña banda familiar habría de transmutarse en lo que comenzaría a ser llamado el Territorio de Marquetalia o la República Independiente de Marquetalia. Se trataba de una zona escarpada y de difícil acceso cerca al río Atá en el departamento del Tolima. Allí se asentó Pedro Antonio Marín con un puñado de hombres y sus familias. Pero sus heridas son aún más profundas. En el discurso que hizo leer Tirofijo en la inauguración de los diálogos de paz en San Vicente del Caguán, el 7 de enero de 1999, éste se refiere una y otra vez a lo que considera la larga historia de desposesión de que se ha sentido objeto a manos del Estado: *"Huyendo de la represión oficial nos radicamos como colonos en la región de Marquetalia (Tolima), donde el Estado nos expropió fincas, ganado, cerdos y aves de corral"*. Asimismo, se refiere a una especie de desposesión política, aduciendo que el Estado cerró las puertas a las corrientes políticas en vías de crecimiento, con lo que el juego democrático quedó reducido a la celebración de elecciones excluyentes en las que sólo podían participar los partidos liberal y conservador. En sus palabras, las manifestaciones, los movimientos cívicos y los paros laborales y estudiantiles fueron declarados ilegales; los líderes de estos movimientos fueron detenidos, y algunos de ellos fueron asesinados por agentes de la inteligencia del Estado. Más adelante, Tirofijo se refiere a los hechos ocurridos en diciembre de 1990, en la llamada Casa Verde. César Gaviria, Presidente a la sazón, sometió Casa Verde a bombardeos, ametrallamientos y desembarcos, con lo que, aduce Tirofijo, 'aniquiló' toda posibilidad de diálogos de paz. *"Con esta nueva agresión el Ejército oficial se apodera de 300 mulas, 70 caballos de silla, 1.500 cabezas de ganado, 40 cerdos, 250 aves de corral, 50 toneladas de comida, destruye puentes de la comunidad, arrasa con las sementeras y quema casas para demostrar el poderío del Estado a través de la Fuerza Pública"*. Tirofijo afirma también que de esta misma manera procedió el Estado en 1965 en las regions de El Pato (Caquetá), Guayabero (Meta) y Ríochiquito

(Cauca). Antes de terminar el discurso, vuelve en dos párrafos más a los hechos de Marquetalia que sin duda lo marcaron profundamente. Según Tirofijo, en 1964, en el marco del plan contrainsurgente diseñado por el Presidente de los Estados Unidos John F. Kennedy para neutralizar el efecto dominó que podría tener el triunfo de la revolución cubana en otros países de América latina, el Presidente Guillermo León Valencia les declaró la guerra a los 48 campesinos asentados en Marquetalia que dirigía él… *"A los pocos días empezó el gigantesco operativo con 16.000 hombres del Ejército que utilizaron toda clase de armas, incluso bombas bacteriológicas lanzadas por aviones piloteados por expertos militares gringos, y sólo ahora, después de 34 años de permanente confrontación armada, los poderes y la sociedad comienzan a darse cuenta de las graves consecuencias del ataque a Marquetalia"*. En sus palabras, esos 48 campesinos sólo exigían la construcción de vías de penetración para llevar sus productos agrícolas a otros mercados, de un centro de comercialización y de escuelas para educar a sus hijos. Según sus cálculos, ello le habría representado al Estado una inversión no superior a cinco millones de pesos.

En el caso de los hermanos Castaño, el elemento psicológico está constituido por el secuestro de su padre por las FARC y, en particular, la muerte de éste a manos de ellas, después de que la familia hubiera pagado el rescate. En el libro *Mi confesión*, Carlos Castaño hace una remembranza de su padre, un simple campesino que trabajaba en su finca desde las 6 de la mañana hasta las 5 de la tarde y que a pesar de ser el dueño, hacía las veces de mayordomo, y hasta vacunaba y castraba él mismo los novillos, e insinúa que su secuestro y muerte a manos de las FARC constituyó una doble traición. *"Cuando ellos iban de paso, mi padre los dejaba acampar en la finca El Hundidor. Por la mañana se les daba leche, quesito y, de vez en cuando, de regalo una novilla"*. Carlos Castaño cuenta que a su padre lo condujeron a un cañón con el nombre de Lagartos en una zona montañosa a siete días de camino. Su hermano Fidel había comenzado a reunir los primeros 20 millones de pesos que pedían las FARC… A fines del mes de agosto, dos meses después del secuestro, Fidel entregó el dinero del rescate. Ahora bien, las FARC, en lugar de cumplir lo pactado y entregar al cautivo, pidieron 50 millones de pesos más. Fidel se consiguió 30 millones adicionales y se los entregó a las FARC en octubre. A comienzos de diciembre, la guerrilla informó a la familia Castaño sobre la inminente entrega… La familia organizó una fiesta para recibir al 'viejo'. Pero, en el monte, el padre de los Castaño se había negado a seguir caminando. Los miembros del frente que lo tenía retenido consultaron su curso de acción a un comandante que más tarde sería miembro del Secretariado de las FARC. *"Éste… no dudó en ordenar la muerte de papá por radioteléfono. Antes de ser asesinado, lo insultaron repetidamente con algo que para un campesino como él era imposible ser: Oligarca hijueputa. Luego lo hicieron arrodillar y le metieron un disparo por la espalda"*. Carlos Castaño explica que ése fue el origen de la querella de los hermanos Castaño con la guerrilla, y de la cadena de hechos de venganza que habría de seguir… Primero buscaron y ejecutaron a todos los que participaron en el secuestro. Luego decidieron dar protección a los familiares cercanos. Más tarde, extiendieron esa protección a los amigos y conocidos, y sus familias. Y, así, descubrieron que existía un grupo de personas qué defender: encontraron una causa.

En fin de cuentas, se podría llegar a una conclusión semejante a la que llega Carlos Castaño: *"Al secuestrar a mi padre, sólo hubo… codicia, maldad"*. Al padre de Carlos Castaño no lo secuestraron y asesinaron porque fuera un 'oligarca hijueputa'; lo secuestraron y asesinaron hombres movidos por sentimientos como la codicia, la envidia, el resentimiento, el odio que campearon en la Colombia de la segunda mitad del siglo XX.

2. El segundo elemento fundamental del conflicto colombiano sería el demográfico. Las FARC y las AUC, en particular, podrían verse como avanzadas migratorias hacia lugares remotos o poco habitados del territorio de Colombia, sobre los que el Estado no ejercía jurisdicción efectiva. Una de las corrientes colonizadoras habría partido de la población quindiana de Génova hacia varias poblaciones del Tolima y el Cauca, cruzado el valle del Río Magdalena y sobrepasado la Cordillera Oriental para luego derramarse por la meseta baja en que se asientan grandes partes de los departamentos del Meta y Caquetá: los Llanos Orientales. El mítico Pedro Marín, alias Tirofijo, con su poncho de algodón al hombro y acompañado de un puñado de primos y amigos, habría dirigido esta avanzada colonizadora. Por su parte, la Casa Castaño, habría sido la punta de lanza de una segunda avanzada colonizadora, que, partiendo de las vertientes ásperas e ingratas de los Andes del nordeste de Antioquia, se desparramó primero por las hoyas de los ríos Cauca y Porce y luego por las sabanas feraces y bañadas por innumerables ríos del departamento de Córdoba. "*Fidel… convenció* [a papá] *de que dejara esa tierra fría y pobre de Amalfi. El viejo vendió y se fue con Fidel a comprar una tierra cerca de Segovia… En dos años… logró levantar más de 600 reses… Rápidamente duplicó el capital labrado con dificultad en cuarenta años de trabajo en Amalfi*". En palabras de Carlos Castaño, para 1990, se podía decir que las Autodefensas controlaban el departamento de Córdoba. Partiendo del Alto Sinú, Fidel se había expandido hacia la parte baja del río Sinú, por los municipios de Valencia, Tierra Alta y Montería, para llegar finalmente hasta el golfo de Morrosquillo, en el mar Caribe. Construyeron carreteras entre las fincas, las que fueron formando una auténtica red vial en el norte del país: "*…Cuando Fidel murió, dejó unas veinte mil hectáreas de tierra, treinta mil cabezas de ganado y unos doscientos millones de pesos guardados*". "*…Se donaron más de diez mil hectáreas de tierra a los campesinos…, ésa fue la famosa reforma agraria del 91, en Córdoba*". Por otra parte, según artículo de El Tiempo de mayo 3 de 2005, en el marco del Plan Patriota, la apuesta del Gobierno de Álvaro Uribe por ganar la guerra, calificada por algunos como la mayor campaña militar que haya tenido lugar en Colombia desde la campaña libertadora, *El último día del 2004, cuando el Plan Patriota cumplía 8 meses, el presidente Uribe fue a provocar a las FARC hasta el que se piensa es el punto de resguardo de los jefes guerrilleros: la Serranía del Chiribiquete.* Y según otro artículo de El Tiempo de junio 25 de 2005, "*El pasado 15 de junio las tropas de la Fuerza de Tarea Omega, encargadas del Plan Patriota en el sur del país…* [descubrieron] *una carretera de 278 kilómetros de extensión, que parte de un punto en La Macarena (Meta), se mete por el sur del Guaviare y termina en Peñas Coloradas (Caquetá), después de atravesar decenas de ríos y caños*". Según el artículo, en palabras del general Carlos Alberto Fracica, comandante del Grupo Omega, "*De esta arteria principal se desprenden caminos similares hacia la Serranía del Chiribiquete, Miraflores, la región del Yarí y el Putumayo… Esta carretera era el canal para la logística de los bloques Sur y Oriental*".

Ambos movimientos, el liderado por Tirofijo y el de la Casa Castaño, tienen algo del típico rebusque antioqueño. Ambos quedaron marcados con el sello de sus líderes, imbuidos, por una parte de sus principales virtudes, capacidad de trabajo y capacidad de organización y asociación, pero signados, por otra, por una inmensa falencia en el ámbito fundamental de la justicia. Tanto Tirofijo, y sus primos, como los hijos del clan Castaño eran aventureros con un sentido de la justicia precario y acomodaticio, y, al acatamiento de la ley, antepusieron siempre objetivos de tipo económico.

Entre los elementos conexos se cuentan:

3. El elemento del bandidaje. Ambos grupos presentan características semejantes a las de asociaciones de bandidos que, sin las ataduras que impone el acatamiento de la ley, y sin verse coartados por la autoridad del Estado, se libran a un depredamiento sistemático de los sectores más organizados de la sociedad y a todo tipo de vejámenes y exacciones contra la población. El caso de las FARC ilustra bien las cosas. El puñado de hombres dirigido por Tirofijo se convirtió pronto en lo que se podría llamar un grupo parásito. Incapaz de generar riqueza por sí mismo, se dedicó al hurto de reses y al cobro de tributos a ganaderos y agricultores, imponiendo su ley, con la fuerza del fusil, en esos territorios abandonados por el Estado. Por ejemplo, según Carlos Castaño en *Mi Confesión*, por aquellos años la guerrilla se apoderó de la finca de su familia; comenzó a usufructuar sus riquezas a plena luz del día; dio muerte al administrador de la finca, y desalojó a los demás trabajadores. Castaño añade que, para entonces, la guerrilla controlaba los pueblos de Vegachí, Santa Isabel, El Tigre, Yalí, Yolombó, Remedios, La Cruzada, Machuca, Segovia, Zaragoza y El Bagre. En palabras de Castaño, se trataba de un auténtico 'fortín', y, desde allí, surtían sus frentes de guerra. De allí, las FARC pasaron al secuestro de seres humanos, delito que con el tiempo habrían de llevar a extremos inauditos y nefastos para la estabilidad de cualquier sociedad. El narcotráfico representó un salto cualitativo y cuantitativo, un trampolín que les permitió por primera vez lo que siempre buscaron: acumular recursos propios en grandes cantidades. En aras del narcotráfico, comenzaron a obligar a las comunidades campesinas asentadas en sus territorios a cultivar la hoja de la coca, sumiendo en la ilicitud grandes extensiones del territorio. Por su parte, Carlos Castaño reconoce que lo primero que habían descubierto era que ninguna guerra se financiaba de manera lícita. *"Tuvimos una mina de oro en Amalfi, con papeles y todo, no daba oro, pero justificaba los robos de mercancía que hacía Fidel en Medellín. Un día robaban llantas, otro plantas eléctrica… En las minas de diamantes en Venezuela y Brasil, [Fidel] estaba pendiente del momento en que salía la remesa para atacarla con unos pícaros".*

4. El elemento militar. Tanto en el caso de las FARC como en de las AUC, el elemento militar siempre fue de la mano con el bandidaje. Según Carlos Castaño en *Mi Confesión*, al comienzo los 'subversivos' se dedicaban a sus labores cotidianas. Un buen día se reunían; sacaban sus fusiles, y realizaban alguna acción, para luego volver a camuflarse entre la población civil. En la Casa Castaño, Fidel estaba a cargo de la financiación del movimiento; Carlos se ocupaba de la que él llamaba la lucha antisubversiva. En esos comienzos, tenían presencia en Zaragoza, Segovia, Yalí, Yolombó. Sumaban unos 12 hombres. Según Carlos Castaño en *Mi Confesión*, hacia el año 2000 se gastaban unos tres millones de dólares mensuales en el mantenimiento de la organización. Por su parte, según la revista Semana de abril 25 a mayo 2 del 2005: *"El pasado 15 de abril* [del 2005]… *las autoridades de Honduras encontraron un arsenal listo para ser enviado al frente 14 de las FARC, el cual incluía ametralladoras M-60, lanzacohetes antitanques, lanzagranadas y más de 160 fusiles M-16".* Según un artículo de El Tiempo de mayo 30 de 2005, el poderío militar de las FARC llegó a tal punto en el 2005 que ese año se decomisó a este grupo en Caquetá un cargamento de 500.000 cartuchos provenientes de Indonesia, valorado en 450.000 dólares. Según el Comandante de las Fuerzas Militares, *"Es el hallazgo más grande que hemos hecho. Es una reserva de munición para remplazar lo que las FARC han venido gastando. Es posible que tengan otras caletas porque han acumulado mucho dinero del narcotráfico".* *"Con esta incautación,"* sigue diciendo El Tiempo, *"las Fuerzas Militares han decomisado durante el año de operaciones del Plan Patriota, 1.200.000 municiones de diferentes calibres".*

5. El elemento político e ideológico. Ambas corrientes de población encuentran pronto ideólogos de una vertiente política u otra que llevan a cabo una hábil labor de adoctrinamiento político, utilizando la política como herramienta para justificar sus acciones y para dar cohesión y homogeneidad a multitudes dispares. En el caso de las FARC, desde temprano Jacobo Arenas cumpliría con esa función. Según Arturo Alape en *Tirofijo: Los Sueños y las Montañas, 1964-1984*, *"La Conferencia del Bloque Sur desarrollaría la concepción político-militar apenas enunciada en el Programa Agrario Guerrillero, que se hizo conocer a la opinión pública, desde las montañas de Marquetalia, el 20 de julio de 1964 y en el cual se concretaba: '… Nosotros somos revolucionarios que luchamos por un cambio de régimen. Pero queríamos y luchábamos por ese cambio usando la vía menos dolorosa de nuestro pueblo: la vía pacífica, la vía de la lucha democrática de las masas, las vías legales que la Constitución de Colombia señala. Esa vía nos fue cerrada violentamente, y como somos revolucionarios que de una u otra manera jugaremos el papel histórico que nos corresponde, (…) nos tocó buscar la otra vía: la vía revolucionaria armada para la lucha por el poder'"* En el mismo libro, Jacobo Arenas insiste en que *"En la Conferencia se puso en claro algo decisivo, que la guerrilla iba a tener una confrontación sumamente complicada y difícil contra una fuerza inmensamente superior, que por lo tanto debía desarrollar en todo sentido, un trabajo de masas en gran escala"*. Y más adelante se señala: *"En la Conferencia surge la idea de los planes de supervivencia, basados en el apoyo económico directo de la población; además se plantearon conclusiones de educación, propaganda y finanzas"*. Se puede entonces llegar a la conclusión de que la Conferencia del Bloque Sur fue algo así como el bautizo político del movimiento. En adelante, la labor política iría siempre de la mano con el accionar de las FARC. En el caso de los Castaño, el propio Carlos ejerce cierto liderazgo político, pero también se rodea de ideólogos que aglutinan el movimiento. En *Mi Confesión*, Castaño cuenta que Iván Roberto Duque, nombre de guerra Ernesto Báez, fue la primera persona de quien escuchó un discurso politico. *"Ernesto pertenecía a la base política de la Autodefensa de Puerto Boyacá. Su cuento me interesó, porque en el fondo yo era más político que militar, y él insistía en la necesidad de construir una fuerza social que apoyara la Autodefensa, y una economía real en la zona, distinta a la ilícita. Sembró en mí la necesidad de darle un discurso político a la organización"*

6. El elemento del narcotráfico. Las FARC y las AUC se convirtieron en asociaciones de narcotraficantes. Según la revista Semana, en su edición de mayo 23 a 30 del 2005, a las 6 de la mañana del 12 de mayo del 2005, seis lanchas piraña con 60 infantes de marina y los miembros de la DIJIN iniciaron una operación en cercanías de Tumaco, por el río Mira, y en un laboratorio de coca encontraron ocho lanchas cargadas con un total de 15,1 toneladas de cocaína, el cargamento más grande descubierto en la historia del país. Según la revista, las investigaciones permitieron establecer que el cargamento pertenecía a siete dueños diferentes: una parte era de varios jefes del cartel del norte del Valle; otro porcentaje pertenecía a capos de Cali, Medellín y el Meta, pero la gran mayoría del alijo era de las AUC y las FARC. *"Aunque no era nuevo descubrir que los paramilitares y la guerrilla trafican y envían cargamentos, lo que sin duda es revelador, es encontrar que las dos organizaciones, que son enemigas declaradas, terminaron siendo socias en un negocio de exportación de cocaína"*. La revista informa que, según las autoridades, la droga de las FARC pertenecía al frente 29, que actuaba en el sur de Nariño, y la de las AUC era del Bloque Libertadores del Sur, una facción de las autodefensas que dependía del Bloque Central Bolívar**.** *"El resultado es histórico no solo por el gran volume sino porque es un golpe simultáneo a los tres ejes mafiosos (narcos, paras y FARC) que hoy convergen alrededor del negocio de las drogas"*, cita la revista al coronel Naranjo.

Más abajo, la revista señala que éste es el último y más grande de los casos que ponen al desnudo la relación comercial existente entre las FARC y las AUC. Según la revista, durante años, tanto las FARC como las AUC habían tenido negocios con los capos colombianos: les cuidaban los cultivos, los laboratorios y los embarques e incluso, en ocasiones, exportaban cargamentos de droga, conjuntos, pero la regla general era que el capo que 'trabajaba' con los paramilitares no tenía negocios con la guerrilla. Ahora bien, con el auge del narcotráfico en los cinco últimos años del siglo XX, esta regla cayó en desuso, y las FARC y las AUC pasaron a ser socios en el tráfico de droga.

Según la revista, uno de los primeros antecedentes de la asociación comercial que se trenzó entre narcotraficantes e, indistintamente, miembros de las AUC y de las FARC se conoció en el año 2001, durante la operación 'Gato Negro', ejecutada por el Ejército en las selvas del Guainía y el Vichada, y en el marco de la cual el Ejército destruyó 97 laboratorios, 12 cristalizaderos y 38 campamentos del frente 16 de las FARC. La investigación de la Fiscalía reveló que, ante la ofensiva del Estado en esa zona, la guerrilla decidió desplazar sus actividades de narcotráfico al departamento del Arauca. Ahora bien, en el Arauca la guerrilla se vio obligada a compartir espacio con grupos paramilitares. *"Las FARC sabían que una confrontación a gran escala con los paras iría contra sus intereses económicos"*. Optaron por la estrategia más conveniente y rentable desde el punto de vista comercial. Buscaron a los hermanos Didier y Yesid Ríos. *"A ellos les vendían la droga y ellos, a su vez, tenían los contactos para comercializar los cargamentos con los paramilitares de la zona que la vendían a grupos de narcotraficantes que se encargaban de sacarla hacia el exterior"*. A fines de enero de 2004, la Procuraduría General de México arrestó en Ciudad de México a un colombiano llamado Juan Pablo Rojas López; esa captura puso al desnudo las relaciones comerciales existentes entre las FARC y los paramilitares colombianos, por una parte, y los carteles mexicanos, por otra. Según un artículo de El Tiempo de mayo 21 de 2005, el Ejército calcula que en el triángulo geográfico que forman los municipios de Vista Hermosa, Mesetas y Uribe, en el Meta, las FARC tendrían 17.000 hectáreas sembradas con coca.

7. El elemento terrorista. Tanto las FARC como las AUC han sido autoras de atentados terroristas en las ciudades y pueblos de Colombia. Según un editorial de El Tiempo de abril 18 de 2005, el ataque de las FARC contra Toribío (Cauca), capital de la resistencia indígena de Colombia, es un crimen de guerra. Dice El Tiempo que no se trata de un incidente aislado, sino de un patrón reiterado y que sobran hechos que demuestran hasta qué punto la supuesta guerra de las FARC contra el Estado es, en realidad, contra la sociedad. *"Entre el 11 de febrero y el 9 de abril* [del 2005] *el frente 14 y la columna Teófilo Forero asesinaron a tres concejales en el Caquetá… El 10 de abril, en la vereda El Sereno, de Urrao (Antioquia), miembros del frente 34 asesinaron a Jesús Antonio Higuita, de 72 años, secuestrado siete meses antes, y, cuando varios bomberos voluntarios de Urrao llegaron para recoger el cuerpo, a pedido de los guerrilleros, estos procedieron a matar a sangre fría a dos de ellos. El 12 de abril, cerca de Baraya (Huila), integrantes del frente 17 secuestraron a la respetable matrona Ligia Calderón de Solano, de 72 años, quien apareció fusilada pocos días después"*. Según otro editorial de El Tiempo de mayo 25 de 2005, *"La crisis de Ralito no llegó sola. Si, como empieza a definirse en el mundo, terrorismo es todo acto de violencia que atente contra civiles, tomarse el Concejo de un pueblo, matar a cuatro concejales y al secretario, herir a otros dos ediles, un anciano, una periodista y un policía y dejar aterrorizado a un pueblo no tiene ninguna justificación política imaginable. Es, claramente, un acto terrorista"*. Otro ejemplo importante, en el caso de las FARC, es el del atentado contra

el Club El Nogal en Bogotá con un carro bomba estacionado en el estacionamiento del Club. Según un artículo de El Tiempo de mayo 28 de 2005, *"La Policía Nacional capturó en cercanías a Bogotá a Víctor Julio Villalobos, alias Aguja, presunto integrante de las FARC y sindicado de ser el responsable del atentado terrorista en el Club El Nogal"*. En el caso de las AUC, aunque no ha sido demostrado, se les achacan los atentados terroristas en el centro comercial El Tesoro y en el Parque Lleras, en Medellín. Pero la mayoría de los atentados cometidos por estos grupos han sido en realidad más pequeños y han sido cometidos contra los más débiles de Colombia, los habitantes de las zonas rurales. Un ejemplo típico es el de fines de mayo del 2005, en que las FARC, en un atentado de estilo comando, penetraron en el Concejo de Puerto Rico y dispararon ráfagas de ametralladora contra los concejales, dejando cuatro concejales y un secretario muerto, y varios heridos.

Sea cual sea la interpretación que se haga de los grupos armados colombianos, algo indudable es que, sin las ataduras que impone el acatamiento de la ley, se han librado en los cincuenta últimos años a todo tipo de vejámenes y exacciones contra la población civil. La guerra que desataron no ha sido una guerra de combatientes sino una guerra de grupos armados contra la población civil que habita en sus zonas de influencia. No aceptan ni quieren oír hablar del derecho internacional humanitario, ese canon de la justicia universal. Desvirtúan el lenguaje al llamar retención provisional al secuestro de seres humanos. Y con el poderío que les dio el narcotráfico lograron convertirse en señores de la guerra, y están amenazando con desmembrar el país.

Poco después de comprar la versión del Grupo Denma del Sun Tzu, comencé a abrigar la idea de hacer una traducción propia. Muchos hemos tenido libros que nos han ayudado a superar épocas difíciles de la vida, y que leemos y releemos. Para mí, el Sun Tzu fue ese libro. Fue el refugio que me permitía dar un sentido a los hechos que leía todos los días en los diarios. Mi impotencia de contribuir a la solución del conflicto en Colombia, de la que me sentía tan lejos, la volqué toda a la traducción de la obra.

La traducción, sin embargo, es un proceso sumamente laborioso, y todavía me faltaba enterarme de muchas cosas antes de poder acometer esta empresa. Una de las primeras cosas de las que me enteré, gracias a los consejos de Yaw-Tsong Lee, un colega chino, fue que la traducción del Grupo Denma no era el texto más adecuado para basar en él una traducción. El Grupo Denma es en realidad un grupo de practicantes de budismo tibetano, lo que no los descalifica en absoluto pero tampoco les confiere por sí solo las mejores herramientas. Yaw-Tsong Lee me explicó que la mejor versión que existía en su conocimiento era la publicada a comienzos del siglo XX por Lionel Giles, un sinólogo británico. Ésta es la dedicatoria de Giles: *"A mi hermano, el Capitán Valentine Giles, R.C. con la esperanza de que una obra de 2.400 años de antigüedad aún contenga lecciones de interés para un soldado de hoy, dedico con afecto esta traducción"*. La traducción de Giles, de 1910, es en efecto bellísima. A través de su hermano, Giles tuvo sin duda acceso al mundo militar británico. Giles tiene un inglés de gran tersura y riqueza lexicográfica. Rápidamente, la versión de Giles se convirtió en un clásico, y la base del conocimiento del Sun Tzu en el mundo anglosajón. Luego tuve conocimiento de la versión del General del Cuerpo de Infantes de Marina de los Estados Unidos Samuel B. Griffith, que data de 1963. El libro fue resultado de un trabajo de tesis que presentó a la Universidad de Oxford en 1960 para obtener el título de Doctor en Filosofía. Lo que Griffith aporta al Sun Tzu es una gran solidez y rigor militar e intelectual. Toda traducción puede adolecer de elementos criticables e incluso de errores, y ambas son objeto de críticas, pero ambas versiones, la de Giles y la de Griffith, con sus distintas cualidades, tienen gran valor. Aparte de las tres versiones del Sun Tzu al inglés que he mencionado, existen otras, como las R. L. Wing, Ralph D. Sawyer y

Chow-How Wee. En última instancia, hay que concebir los distintos empeños por verter los textos clásicos a un idioma dado como un edificio en el cual cada nueva versión representa un piso adicional que contribuye a esclarecer en ese idioma el texto original. Espero que desde esa perspectiva se vea mi propio esfuerzo.

Se puede criticar el hecho de que la traducción de tan importante texto no provenga directamente del chino. Es cierto que sería mejor que así lo fuera. Pero es perfectamente lícito y enriquecedor traducir a partir de un segundo idioma. Se dice que la traducción de los textos árabes al español que se hizo en la escuela de traducción de Sevilla, en España, antes de la reconquista de los territorios moros fue uno de los principales aportes al renacimiento europeo. Los textos españoles fueron la base para la traducción de esas obras a los demás idiomas europeos.

Incluso después de iniciada la traducción, me agobiaron dudas por un tiempo. No quería yo contribuir de alguna manera a la hoguera que durante demasiados años nos ha devorado a los colombianos y a todos los latinoamericanos en conflagraciones desgarradoras. En especial, no quería yo contribuir a la poco fructífera batalla entre la derecha y la izquierda, que nos ha distraído de lo que debería ser el propósito común de lograr la prosperidad de la inmensa mayoría de la población. Pero llegué a la firme determinación de que las condiciones que imperan en este momento en Colombia son de tal naturaleza que vale la pena ponerse de pie y combatir hasta con los dientes: aquellas condiciones en las que un grupo de población, a pesar de sus miles de defectos e imperfecciones depositario de ciertos fundamentos de civilización, se enfrenta a grupos de métodos bárbaros que empujan al país hacia la ilicitud. En cierta forma, pues, esta traducción del Sun Tzu es mi grito de guerra contra la ilicitud y la barbarie que se han apoderado del territorio colombiano en los últimos años.

En cuanto a la conclusión fundamental a la que llegué sobre el desenlace del conflicto tras todos mis esfuerzos de interpretación del Sun Tzu, la respuesta es sin duda promisoria. Respondan ustedes mismos a las siguientes preguntas que hace el Sun Tzu: *"De los gobernantes, ¿quién está dotado de tao?"*.

Colombia va a ganar la guerra contra los grupos armados, como ya la ganó contra los carteles de la droga. Lo que queda, sin embargo, es ganarle la guerra al fenómeno del narcotráfico, que todo lo corroe y que no deja sino desgracias, y esa guerra no se ganará nunca sólo con soldados: es una batalla de conciencias… Se ganará cuando la inmensa mayoría de los colombianos esté dispuesta a combatir el narcotráfico desde lo más íntimo.

En definitiva, no habrá paz en Colombia mientras tengamos una sociedad en la que campee el abuso de todos contra todos como forma de relación social. Una sociedad donde el abuso sea una herida abierta siempre será terreno fértil para la violencia.

———

Nueva York, 2005

Sun Tzu

El Arte de la Guerra

Capítulo I Versículo 9. El general encarnará las virtudes que deben reunirse en su persona: sabiduría, sinceridad, humanidad, valor y severidad.

I

Elementos de juicio

Sun Tzu dijo:

1. La guerra es asunto de vital importancia para el estado.

2. Es el terreno en que se deciden la vida y la muerte, la senda que conduce hacia la supervivencia o la desaparición. Es imperativo analizarla con cuidado.

3. Para entender la esencia de la guerra, hay que considerar los cinco factores fundamentales que la rigen y utilizar los elementos de juicio de que se hablará más tarde para hacer las comparaciones que procedan.

4. El primero de esos factores es el *tao*; el segundo, el cielo; el tercero, la tierra; el cuarto, el general; el quinto, el reglamento.

5, 6. El *tao* es lo que hace que las personas abriguen el mismo propósito que su gobernante y así, imbuidas de concordia, lo acompañen en la vida y en la muerte sin dejarse arredrar por el peligro.

7. El cielo abarca el *yin* y el *yang*, el frío del invierno y el calor del verano y la conducta de las campañas militares en función de los cambios de estación.

8. Por tierra se entenderán las distancias, grandes o pequeñas; la forma escarpada o llana, anchurosa o estrecha del terreno, y las probabilidades de vida o muerte que depare el terreno.

9. El general encarnará las virtudes que deben reunirse en su persona: sabiduría, sinceridad, humanidad, valor y severidad.

10. Por reglamento se entenderá la organización del ejército en las subdivisiones apropiadas, el establecimiento de jerarquías entre los oficiales, el mantenimiento de las rutas de abastecimiento y la administración del presupuesto militar.

11. Ningún general puede desconocer estos cinco factores fundamentales: el que los domine será victorioso; el que no, será derrotado.

12. Por lo tanto, al deliberar sobre la guerra, recurre a los siguientes elementos de juicio para hacer las comparaciones que procedan. Sopésalos con sumo cuidado. Pregunta:

13. (1) De los gobernantes que se enfrentan, ¿cuál está dotado de *tao*?

    (2) De los generales, ¿cuál posee mayor habilidad?

    (3) ¿Cuál sabe aprovechar mejor las ventajas que ofrecen el cielo y la tierra?

    (4) ¿Cuál impone disciplina con mayor rigor?

    (5) ¿Los efectivos de cuál exhiben mayor fortaleza?

    (6) ¿Los oficiales y soldados de cuál están mejor adiestrados?

    (7) ¿Cuál aplica con mayor constancia premios y castigos?

14. Recurriendo a estos siete elementos de juicio, sabré predecir la victoria y la derrota.

15. El general que haga suya mi estrategia, y la aplique, será siempre victorioso; a ése he de preservarlo. El general que no haga suya mi estrategia, ni la aplique, con certeza será derrotado; a ése he de despedirlo.

16. Al escuchar mis planes, determina las ventajas inherentes en ellos y transfórmalas en *shih* para que las circunstancias externas te resulten más favorables.

17. El *shih* es la capacidad de alterar el equilibrio en función de las ventajas existentes.

18. Toda estrategia militar se basa en el engaño.

19. Por lo tanto, cuando estés en condiciones de atacar, finge incapacidad. Cuando estés utilizando tus fuerzas, finge inactividad. Cuando estés cerca del enemigo, hazle creer que estás lejos. Cuando estés lejos, hazle creer que estás cerca.

20. Ofrécele alguna ventaja y atráelo. Finge desorden y aplástalo.

21. Prepárate contra él cuando esté concentrado. Cuando esté fortalecido, evádelo.

22. Cuando tenga temperamento colérico, hostígalo. Finge debilidad y alimenta su arrogancia.

23. Si actúa con calma, fustígalo y agótalo.

24. Cuando esté unido, divídelo. Atácalo en lugares en que no esté preparado. Arremete donde no se lo espere.

25. Éstas son las enseñanzas del linaje militar, enseñanzas que llevan a la victoria, pero que no es posible captar de antemano.

26. Ahora bien, si las elucubraciones en el templo antes de la batalla indican que saldrás victorioso será porque los cálculos sobre la contienda demuestran que tu fortaleza es superior a la del enemigo; si indican que serás derrotado, será porque demuestran que tu fortaleza es inferior. Así, quien mayor número de cálculos realice triunfará sobre quien menor número realice y, claro está, sobre quien no realice ninguno. Estos son los medios de que me sirvo para analizar la situación y predecir la victoria y la derrota.

Capítulo II. Versículo I. Para iniciar una campaña militar, se necesitarán mil carros ligeros, mil carros pesados y cien mil soldados revestidos con coraza, además de provisiones suficientes para abastecerlos a lo largo de mil *li*, todo lo cual, sumado a los egresos necesarios dentro y fuera del territorio, a los estipendios para el entretenimiento de asesores extranjeros, al material de pegamento y laca y a los pertrechos para la reparación de carros y armaduras, representará un gasto de mil piezas de oro al día. Eso es lo que costará reunir cien mil soldados.

II

Al librar batalla

Sun Tzu dijo:

1. Para iniciar una campaña militar, se necesitarán mil carros ligeros, mil carros pesados y cien mil soldados revestidos con coraza, además de provisiones suficientes para abastecerlos a lo largo de mil *li,* todo lo cual, sumado a los egresos necesarios dentro y fuera del territorio, a los estipendios para el entretenimiento de asesores extranjeros, al material de pegamento y laca y a los pertrechos para la reparación de carros y armaduras, representará un gasto de mil piezas de oro al día. Eso es lo que costará reunir cien mil soldados.

2. Cuando se libra batalla, si la victoria tarda en llegar, las armas pierden contundencia y las tropas, su agudeza. Si tratas de tomarte una ciudad fortificada, la empresa consumirá tus fuerzas.

3. Si la campaña se prolonga, los recursos del estado resultarán insuficientes.

4. Ahora bien, si las armas pierden contundencia y las tropas, su agudeza; si se consumen tus fuerzas y se agotan tus recursos, entonces los señores de otros clanes se aprovecharán de tu desgracia y se levantarán contra ti. ¡Y nadie, por más sabio que sea, podrá evitar las consecuencias nefastas de semejante situación!

5. Por eso, si bien hemos oído hablar de velocidad imprudente en la guerra, jamás ha sido hábil la decisión de prolongar más de lo necesario una contienda.

6. Ningún país se ha beneficiado nunca de la prolongación de una contienda.

7. O sea que sólo alguien que conozca a cabalidad los peligros implícitos en el uso de la fuerza militar podrá entender a cabalidad las ventajas implícitas en el uso de la fuerza militar.

8. El guerrero hábil no alista reclutas por segunda vez ni carga mies por tercera vez.

9. Utiliza el material bélico propio y se sirve de la mies del enemigo, y así el ejército siempre tendrá suficiente de comer.

10. Las campañas militares empobrecen las comarcas: cuando los soldados se encuentran lejos, hay que organizar el abastecimiento a grandes distancias, y cuando hay que abastecerlos a tanta distancia, se empobrecen los cien clanes.

11. Cuando los soldados se encuentran cerca, se encarecen los precios de las cosas, y cuando las cosas se venden caras, se consumen con rapidez los recursos disponibles.

12. Ahora bien, cuando esto último ocurre, hay que agobiar a la población local con tributos urgentes.

13, 14. Se debilitan las comarcas, y se arruinan los hogares. De los recursos de los cien clanes, se agotan las tres décimas partes; de los de la familia regente, las cuatro décimas partes se convierten en carros averiados, caballos reventados, arneses y cascos, arcos y flechas, lanzas y escudos, corazas, pesados vagones tirados por bueyes.

15. El general prudente se acopiará donde el enemigo. Un bulto de víveres del enemigo equivaldrá a veinte de los míos, y una paca de heno, a veinte de las mías.

16. La cólera incita a la tropa a dar muerte al enemigo, y el afán de riqueza la lleva a apoderarse del botín.

17. Por eso, cuando en batalla con carros te apoderes de más de diez carros del enemigo, premia a quienes hayan capturado el primero. Pon tus banderas e insignias en lugar de las del enemigo; incorpora los carros capturados a los tuyos y cabalga en ellos. A los cautivos, cuídalos y trátalos bien.

18. Es lo que se llama "utilizar los medios del enemigo para ir acrecentando la fortaleza propia."

19. Lo esencial en la guerra es, pues, obtener la victoria y, no, enredarse en combates prolongados.

20. Por eso, el general que guía los ejércitos es la estrella que rige el destino de su pueblo y el árbitro de la seguridad de la nación.

Capítulo III. Versículo 1. En términos prácticos, atendiendo al arte de la guerra, tomarse un estado, intacto, es lo mejor; destruirlo no es tan bueno. Tomarse un ejército o un batallón, intacto, es lo mejor; destruirlo no es tan bueno. Tomarse una compañía o una escuadra, intacta, es lo mejor; destruirla no es tan bueno.

9

III

Estrategia de ataque

Sun Tzu dijo:

1. En términos prácticos, atendiendo al arte de la guerra, tomarse un estado, intacto, es lo mejor; destruirlo no es tan bueno. Tomarse un ejército o un batallón, intacto, es lo mejor; destruirlo no es tan bueno. Tomarse una compañía o una escuadra, intacta, es lo mejor; destruirla no es tan bueno.

2. Así, lograr cien victorias en cien batallas no constituye habilidad suprema; lo máximo en habilidad radica en vencer la resistencia del contrincante sin librar batalla.

3. Desbaratar las estrategias del enemigo es la forma óptima de atacar; si ello no es posible, lo mejor será deshacer sus alianzas, y si esto tampoco es posible, lo que sigue será enfrentarse a sus fuerzas militares. La peor estrategia es la de atacar ciudades amuralladas.

4. Por regla general, no hay que atacar ciudades amuralladas a menos que sea ésa la única opción. Para atacar una ciudad amurallada, serán necesarios como mínimo tres meses para alistar torres de asedio y refugios móviles, y otros tres para erigir rampas de tierra contra las murallas.

5. Si el general, llevado por la impaciencia, ordena a sus efectivos que comiencen a escalar las murallas como hormigas, la tercera parte de ellos será abatida sin que el general logre tomarse la ciudad. ¡Así de calamitosos pueden resultar estos ataques!

6. Por eso, el gobernante diestro en el arte de la guerra vence las fuerzas del enemigo sin librar batalla; se apodera de las ciudades amuralladas del enemigo sin someterlas a sitio; subvierte el gobierno del enemigo sin prolongar la contienda.

7. Tu objetivo ha de ser tomártelo todo bajo el cielo, íntegro e intacto. Así, sin perder ni uno solo de tus hombres, tu triunfo será cabal. En ello radica la estrategia de ataque.

8. Siguiendo los preceptos para el uso de la fuerza militar, cuando superes diez a uno sus efectivos, rodéalos. Cuando los superes cinco a uno, atácalos. Cuando los superes dos a uno, divídelos.

9. Cuando estés en igualdad numérica, enfréntate a ellos. Cuando estés en condición de inferioridad, repliégate. Cuando tus hombres sean completamente insuficientes, evade sus fuerzas.

10. Pues por tenaz que sea el combatiente pequeño siempre caerá en manos del más grande.

11. Ahora bien, el general encarna la defensa del estado. Si esa defensa es cabal, el estado será fuerte. Si esa defensa es deficiente, el estado será débil.

12. Hay tres vías por las que el soberano le puede traer adversidad al ejército:

13. (1) Cuando no sabe que el ejército está en incapacidad de avanzar y le ordena que avance o no sabe que está en incapacidad de retirarse y ordena la retirada. Es lo que se llama "enredar el ejército".

14. (2) Cuando desconoce el funcionamiento orgánico de las tres fuerzas pero participa en la dirección de las tres fuerzas, ¡lo que siembra la desazón entre los oficiales!

15. (3) Cuando no entiende cómo se ejerce el mando en las tres fuerzas pero se inmiscuye en los nombramientos en ellas, ¡lo que siembra la desconfianza entre los oficiales!

16. Y si hay desazón y desconfianza en las tres fuerzas, los señores de otros clanes te infligirán duros reveses. Por eso se dice "cuando en un ejército reina el desorden, la victoria la obtiene el contrincante".

17. Ahora bien, hay cinco situaciones en las que se puede predecir la victoria:

    (1) Obtendrá la victoria quien sepa cuándo sí y cuándo no librar batalla.
    (2) Obtendrá la victoria quien sepa utilizar contingentes grandes y pequeños.
    (3) Obtendrá la victoria quien sepa preservar la concordia entre las filas.
    (4) Obtendrá la victoria quien sepa mantenerse preparado y en espera del momento de imprudencia del enemigo.
    (5) Obtendrá la victoria quien sepa rodearse de generales capaces y aislarlos de las injerencias del gobernante.
    La victoria radicará en el conocimiento de esos cinco elementos.

18. Por eso se dice: "El que conozca a su adversario y se conozca a sí mismo ni en cien batallas correrá peligro. El que no conozca a su adversario pero se conozca a sí mismo, por cada victoria que obtenga sufrirá una derrota. El que no conozca a su adversario ni tampoco se conozca a sí mismo, en toda batalla, segura será su derrota".

IV

La forma

Sun Tzu dijo:

1. Antaño, los guerreros hábiles primero se hacían invencibles, ellos, para luego aguardar el momento de vulnerabilidad del enemigo.

2. El hacerse invencible depende de uno mismo; la vulnerabilidad del enemigo reside en él.

3. Así, los guerreros hábiles buscan hacerse invencibles, a sabiendas de que no pueden provocar la vulnerabilidad del enemigo.

4. Por eso se dice: "Una cosa es saber cómo lograr la victoria y otra muy distinta poder lograr esa victoria".

5. El hacerse invencible reside en la defensa; la posibilidad de vencer al enemigo, en el ataque.

6. La estrategia de defensa implica fortaleza insuficiente; la estrategia de ataque, fortaleza en demasía.

7. El general diestro en la defensa sabe cómo ocultarse bajo las nueve tierras, y el diestro en el ataque, cómo moverse por encima de los nueve cielos. Ese conocimiento les permite, por una parte, preservarse a sí mismos y, por otra, obtener una victoria cabal.

8. Pronosticar una victoria que se pueda prever con facilidad no es signo de habilidad suprema.

9. Lograr la victoria en una batalla que todos bajo el cielo consideren hábil no constituye lo máximo en habilidad.

10. Ser capaz de levantar una pelusa del otoño no entraña que se tenga gran fuerza; ser capaz de ver el sol y la luna no significa que se tenga la vista aguda; ser capaz de oír el trueno no implica que se tenga el oído fino.

11. Los que los antepasados llamaban maestros en el arte de la guerra triunfaban sobre un contendiente fácil de derrotar.

12. Los verdaderos maestros logran sus victorias sin cosechar fama de sabios ni méritos por su valor.

13. Pues lo que hacen es cuidarse de no cometer errores y, al no cometer errores, hagan lo que hagan el resultado ineluctable será la victoria, pues derrotarán a un enemigo previamente vencido.

14. El guerrero hábil toma posición en terreno inexpugnable, y no desperdicia oportunidad de imponerse sobre el enemigo.

15. Así, el estratega excelso primero obtiene la victoria y sólo después pasa a librar batalla. Alguien abocado a la derrota primero libra batalla y sólo después busca la victoria.

16. El dirigente preclaro cultiva el *tao* y se adhiere de modo estricto a los preceptos y, así, entre sus posibilidades figurará siempre la del éxito.

17. Ahora bien, el arte de la guerra consta de los siguientes elementos: primero, la medición del espacio; segundo, la estimación de la cantidad; tercero, los cálculos numéricos; cuarto, el análisis de las probabilidades; quinto, la victoria.

18. De la tierra surge la posibilidad de medir el espacio; de la posibilidad de medir el espacio, la de estimar la cantidad; de la de estimar la cantidad, la de hacer los cálculos numéricos; de la de hacer los cálculos numéricos, la de sopesar las probabilidades; de la de sopesar las probabilidades surge la victoria.

19. Un ejército victorioso es como un quintal balanceado contra un grano de trigo; un ejército derrotado, como un grano de trigo balanceado contra un quintal.

20. El general que recurre a la forma para ser victorioso dispone sus hombres para la batalla como echando a correr las aguas de un torrente represado sobre un abismo de mil *jen* de hondo. Esto es, pues, la forma.

Capítulo V. Versículo 10. En la batalla el *shih* no rebasa lo ordinario y extraordinario, pero es imposible agotar todas sus variaciones.

V

El *shih*

Sun Tzu dijo:

1. Dirigir una fuerza grande es lo mismo que dirigir una pequeña: es cuestión de dividirla y organizarla.

2. Combatir con una fuerza grande no difiere de combatir con una pequeña: es cuestión de formarla y dotarla de signos y señales.

3. Que el ejército resista incólume la embestida del enemigo es algo que se logra recurriendo a vías ordinarias y extraordinarias.

4. Que el ejército se imponga con fuerza aplastante sobre el enemigo como si fuera una piedra de moler arrojada contra un huevo es algo que se logra recurriendo a la interacción entre lo sólido y lo vacío.

5. En suma, sírvete de vías ordinarias para iniciar el combate; sírvete de tácticas extraordinarias para alcanzar la victoria.

6. Las posibilidades de alguien capaz de hacer surgir lo extraordinario son tan infinitas como el cielo y la tierra, tan inagotables como el Río Amarillo y el océano. Pueden menguar pero volverán a crecer como lo hacen el sol y la luna; pueden terminar pero comenzarán otra vez como lo hacen las estaciones.

7. Las notas musicales no son más de cinco, pero es imposible escuchar todas sus variaciones.

8. Los colores no son más de cinco, pero es imposible observar todas sus variaciones.

9. Los sabores no son más de cinco, pero es imposible probar todas sus variaciones.

10. En la batalla el *shih* no rebasa lo ordinario y extraordinario, pero es imposible agotar todas sus variaciones.

11. Lo ordinario y extraordinario son fuerzas que provienen la una de la otra, y su interacción es tan infinita como la de dos anillos entrelazados. ¿Quién podría determinar dónde acaba el uno y comienza el otro?

Capítulo V. Versículo 21. O sea que el general diestro en el arte de la guerra busca la victoria en el *shih* y no se la exige a los efectivos. Selecciona sus hombres más capaces y se bate con ellos recurriendo al *shih*.

12. El *shih* es como el ímpetu con que un torrente, al precipitarse, empuja las peñas.

13. La determinación es como el zarpazo perfectamente calculado con que un halcón da muerte a su presa.

14. El *shih* de un guerrero hábil es aplastante; su determinación, aguda.

15. El *shih* de un guerrero hábil es como una ballesta en su punto de máxima tracción; su determinación, como el resorte que la activa en el momento en que se dispara.

16. En medio del fragor y tumulto de la batalla, el combate puede parecer caótico sin que haya caos real. En medio del clamor y el estrépito de la batalla, tus huestes pueden perder la vanguardia y retaguardia sin que ello signifique que te puedan derrotar.

17. El caos aparente puede esconder perfecta disciplina; la cobardía aparente, valentía; la debilidad aparente, fortaleza.

18. Disfrazar el orden bajo una apariencia de desorden es algo que se logra mediante el artificio de la subdivisión. Disimular la valentía con movimientos cobardes es cuestión de *shih*. Encubrir la fortaleza con signos de debilidad es cuestión de forma.

19. Alguien hábil en hacer avanzar al enemigo simula una situación a la que éste deba por fuerza reaccionar; sacrifica algo que éste deba por fuerza aprovechar.

20. A punta de triquiñuelas, lo atrae y lo aguarda con sus tropas más selectas.

21. O sea que el general diestro en el arte de la guerra busca la victoria en el *shih* y no se la exige a los efectivos. Selecciona sus hombres más capaces y se bate con ellos recurriendo al *shih*.

22. El general que dispone sus efectivos para la batalla recurriendo al *shih* lo hace como echando a rodar troncos o rocas. Pues es lo propio de los troncos y las rocas, cuando están en terreno llano, permanecer inmóviles, pero cuando están en terreno escarpado, rodar; cuando tienen forma irregular, detenerse, pero cuando su forma es redonda, girar sobre sí mismos.

23. Así, el general que recurre al *shih* para ser victorioso en la batalla dispone sus efectivos como echando a rodar rocas redondas desde una montaña de mil *jen* de alto. Eso es, pues, el *shih*.

Capítulo VI. Versículo 6. Para avanzar mil *li* sin miedo, toma por caminos por los que no te vayas a topar con sus tropas.

VI

Lo sólido y lo vacío

Sun Tzu dijo:

1. Quien toma posición primero en el campo de batalla y aguarda al enemigo se verá en situación favorable; quien toma posición más tarde en el campo de batalla y se apresura al combate se verá en situación desfavorable.

2. Por eso, el guerrero hábil atrae al contendiente y no se deja atraer por él.

3. Para que el enemigo arribe por sí solo, le ofrece algo ventajoso; para impedir que arribe el enemigo, le causa algún perjuicio.

4. Si el enemigo está en situación holgada, lo pone en apuros; si ha comido a saciedad, lo hace pasar hambre; si está descansando, lo obliga a avanzar.

5. Muéstrate en lugares hacia los que deba apresurarse el enemigo; marcha con rapidez hacia lugares en los que no te espere el enemigo.

6. Para avanzar mil *li* sin miedo, toma por caminos por los que no te vayas a topar con sus tropas.

7. Para estar seguro de que te apoderarás de lo que atacas, ataca posiciones que el enemigo no defienda. Para estar seguro de que preservarás lo que defiendes, defiende posiciones que el enemigo no pueda atacar.

8. Así, frente a un general hábil en el ataque, el adversario no sabrá qué defender; frente a un general hábil en la defensa, el adversario no sabrá qué atacar.

9. Sé sutil, sigiloso, al punto de resultar invisible. Sé imperceptible, furtivo, al punto de no emitir sonido, y así estará en tus manos la suerte del enemigo.

10. Para avanzar sin que te puedan resistir, arremete contra lo vacío. Para retirarte sin que te puedan detener, avanza con tanta celeridad que no te puedan alcanzar.

11. Si deseamos librar batalla, para que el enemigo no pueda dejar de enfrentársenos, aunque lo protejan altas murallas y hondas zanjas, lo que hacemos es atacar algún lugar que él deba salvar.

12. En cambio, si no deseamos librar batalla, lo que hacemos es trazar en la tierra una línea qué defender y así el enemigo no podrá atacarnos, pues lo habremos desviado de su propósito original.

13. Si logramos determinar la forma del contrincante, y en cambio ocultar la propia, podremos concentrarnos nosotros mientras que el enemigo se verá obligado a dividirse.

14. Al estar concentrados, nosotros, seremos una unidad; al estar dividido, el enemigo, será la décima parte de una unidad. Así, podremos utilizar a muchos de nuestros hombres para atacar a pocos de los suyos.

15. Y nuestra superioridad numérica pondrá a nuestro contrincante en grave dificultad.

16. El lugar de la batalla lo guardaremos en la más estricta reserva. Así, nuestro adversario se verá obligado a prepararse en múltiples frentes y, al prepararse en múltiples frentes, el número de hombres que podrá destacar a cada uno será relativamente menor.

17. Pues, para fortalecer la vanguardia, tendrá que debilitar la retaguardia y, para fortalecer la retaguardia, tendrá que debilitar la vanguardia. Si se prepara en el flanco izquierdo, le quedarán pocos hombres en el derecho y, si se prepara en el flanco derecho, le quedarán pocos en el izquierdo. Ahora bien, si trata de guarnecerse en todos los flancos, tendrá pocos hombres por doquier.

18. La debilidad numérica se produce cuando nos vemos obligados a prepararnos en múltiples frentes; la fortaleza, cuando es nuestro adversario quien se ve obligado a hacerlo.

19. Cuando conocemos el lugar y la hora de la batalla, podemos marchar mil *li* y batirnos contra el enemigo.

20. Cuando desconocemos el lugar y la hora de la batalla, ni la vanguardia podrá ayudar la retaguardia ni la retaguardia, la vanguardia; ni el flanco izquierdo podrá ayudar el derecho ni el derecho, el izquierdo. Ahora bien, si esto es así, ¿cuánto más cierto no lo será cuando las subdivisiones del ejército se encuentran, las más cercanas, a casi diez *li* y, las más lejanas, a varias decenas de *li*?

21. Tal vez estimemos que los efectivos de Yüeh exceden en número a los nuestros, pero ¿cómo los acerca esa superioridad a la victoria? Por eso se dice: "La victoria se puede usurpar".

Capítulo VI. Versículo 32. El agua carece de forma constante. Las fuerzas militares han de carecer de shih permanente o forma duradera.

21

22. Aunque el enemigo sea numeroso, se le puede impedir que combata. Evalúa sus planes y así sabrás cuáles son sus probabilidades de éxito.

23. Provoca sus huestes y aprende a conocer sus ritmos de movimiento y de reposo. Haz que se formen y determina sus puntos vulnerables.

24. Hostígalas y establece dónde es considerable su fortaleza y dónde, insuficiente.

25. Lo óptimo al dar forma a las tropas es ocultar la forma. Cuando se carece de forma discernible, ni los espías más avezados podrán avistarte ni los estrategas más sagaces, formular planes contra ti.

26. Respondiendo a la forma de las huestes enemigas, obtendrás la victoria sin que nadie entienda cómo lo lograste.

27. Pues aunque todos los oficiales conocen las tácticas de la victoria, ninguno sabrá cómo concebí la estrategia de la victoria.

28. No repitas las tácticas de la victoria. Responde a las circunstancias recurriendo siempre al caudal de lo inagotable.

29. Ahora bien, la forma de las fuerzas militares ha de ser como el agua. El agua, en su curso natural, evita los lugares altos y se precipita hacia los bajos.

30. Las fuerzas, en su búsqueda de la victoria, han de evitar lo sólido y de atacar lo vacío.

31. El agua determina su curso en función del terreno. Las fuerzas han de determinar la victoria en función del enemigo.

32. El agua carece de forma constante. Las fuerzas militares han de carecer de *shih* permanente o forma duradera.

33. Quien logre transformarse en función del enemigo y obtenga así sus victorias ostentará los más sublimes atributos del guerrero.

34. De los cinco elementos, ninguno predomina en todo lugar. De las cuatro estaciones, ninguna dura más tiempo que el que le corresponde. Los días se hacen largos y se hacen cortos. La luna crece y mengua.

VII

El ejército en contienda

Sun Tzu dijo:

1. En suma, cuando se va a utilizar la fuerza militar, el general recibe el mando del soberano.

2. Y tras reunir el ejército y concentrar a sus hombres, los organiza en un cuerpo armónico y acampa con ellos.

3. No hay nada más complejo que maniobrar con un ejército. La dificultad de las maniobras tácticas radica en transformar lo sinuoso en directo y, lo adverso, en ventajoso.

4. Quien tome por un camino sinuoso y desvíe al enemigo recurriendo a alguna treta; quien parta más tarde que él pero arribe antes al punto deseado es que sabe servirse del artificio de la desviación.

5. Maniobrar con un ejército resulta ventajoso, pero maniobrar con un ejército entraña también graves peligros.

6. Si se moviliza un ejército entero para tratar de obtener cierta ventaja, el avance resultará tan lento que ésta no se conseguirá. Ahora bien, si se destaca una columna móvil para tratar de obtener esa ventaja, será necesario sacrificar el tren de campaña.

7. Si haces que tus hombres se remanguen el uniforme y partan a toda prisa, sin acampar de día ni de noche, y que marchen cien *li* a paso redoblado para tratar de obtener cierta ventaja, los comandantes de las tres divisiones caerán en manos del enemigo.

8. De los efectivos, arribarán los fuertes a la cabeza, los agotados a la zaga. A ese ritmo, sólo llegará a su destino la décima parte del ejército.

9. Si avanzas cincuenta *li* a marchas forzadas para tratar de obtener cierta ventaja, perderás al comandante de la primera división, y sólo llegará a su destino la mitad de la fuerza.

Capítulo VII. Versículo 12. Si no se conocen las intenciones de los señores de otros clanes no se podrán trenzar alianzas con ellos.

10. Si avanzas treinta *li* a marchas forzadas para tratar de obtener cierta ventaja, llegarán a su destino las dos terceras partes de tus hombres.

11. Cabe entonces concluir que un ejército, sin tren de campaña, está perdido, sin provisiones está perdido, sin bases de abastecimiento está perdido.

12. Si no se conocen las intenciones de los señores de otros clanes no se podrán trenzar alianzas con ellos.

13. Si no se conoce la conformación precisa de montañas y bosques, desfiladeros y gargantas, ciénagas y pantanos, no se podrá dirigir la marcha del ejército.

14. Si no se utilizan guías locales, no se sabrán aprovechar las ventajas del terreno.

15. Ahora bien, en la guerra sírvete del ardid. Avanza cuando te resulte ventajoso.

16. Transfórmate, dividiendo o concentrando tus tropas, según las circunstancias.

17. Así, en campaña sé veloz como el viento; en marchas pausadas sé señorial como el bosque.

18. Al arrasar y asolar sé como el fuego. En tus posiciones sé inamovible como una montaña.

19. Al concebir tus planes sé inescrutable como el *yin*; al actuar sé contundente como el trueno.

20. Cuando saquees los campos, divide el botín entre tus fuerzas. Cuando conquistes territorio, parcélalo y distribuye las parcelas entre tus soldados.

21. Sopesa la situación antes de actuar.

22. Quien sepa servirse del artificio de la desviación logrará la victoria. En ello radica el arte de la maniobra.

23. Según el libro de dirección del ejército, "como en el fragor de la batalla no se podían oír unos a otros los efectivos, comenzaron a utilizarse tambores y campanas; como en el fragor de la batalla no se podían distinguir unos a otros los efectivos, comenzaron a utilizarse banderas e insignias".

24. Los tambores y campanas, banderas e insignias son el medio por el que se concentran los ojos y oídos de los efectivos.

Capítulo VII. Versículo 30. Mantén el orden en tus propias filas y aguarda el desorden en las enemigas; mantén la serenidad en tus propias filas y aguarda el clamor en las enemigas. Ésa es la forma de atender a mentes y corazones.

25. Cuando los efectivos forman un solo cuerpo unido, ni los valientes podrán avanzar solos, ni los cobardes, retirarse solos. Ésa es la forma de dirigir grupos numerosos.

26. Por lo tanto, en batallas nocturnas usa sendas antorchas y campanas, y en batallas diurnas, sendas banderas e insignias. Ésa es la forma de concentrar la atención de los efectivos.

27. Es posible despojar de *ch'i* a todo un ejército, y minar la presencia de espíritu de su comandante.

28. Temprano en la mañana el *ch'i* de los efectivos es agudo, al mediodía éste comienza a decaer, y en la noche, cuando se agota, los efectivos anhelan volver a casa.

29. Los guerreros hábiles evitan al enemigo cuando su *ch'i* es agudo y lo atacan cuando su *ch'i* ha menguado y los soldados anhelan volver a casa. Ésa es la forma de atender al *ch'i*.

30. Mantén el orden en tus propias filas y aguarda el desorden en las enemigas; mantén la serenidad en tus propias filas y aguarda el clamor en las enemigas. Ésa es la forma de atender a mentes y corazones.

31. Aprovecha tu cercanía al campo de batalla para aguardar a un enemigo que venga de lejos; aprovecha lo favorable de tus circunstancias para aguardar a un enemigo exhausto; aprovecha la saciedad de tus tropas para aguardar a un enemigo hambriento. Ésa es la forma de atender a la fortaleza.

32. No embistas insignias bien dispuestas; no ataques formaciones imponentes. Ésa es la forma de atender a las circunstancias.

33. Siguiendo los preceptos sobre el uso del ejército, no asciendas para enfrentarte a un enemigo que se encuentre en posición elevada ni te batas contra él cuando tenga una pendiente a sus espaldas.

34. No lo persigas cuando finja la derrota. No ataques sus tropas más selectas.

35. No caigas en las celadas que te tienda. No cortes el paso a los soldados enemigos que regresen a casa.

36. Cuando rodees un ejército, deja una salida a los soldados que se quieran rendir. No fustigues a un adversario desesperado.

37. Ése es el arte de la guerra.

Capítulo VIII. Versículo 7. Por eso, en las deliberaciones del general prudente han de confluir de modo simultáneo consideraciones de ventaja y desventaja.

VIII

Las nueve variables

Sun Tzu dijo:

1. En suma, cuando se va a utilizar la fuerza militar, el general recibe el mando del soberano; reúne el ejército y concentra a sus hombres.

2. En terreno hondo, no acampes. En terreno de confluencia de caminos, únete a aliados. En terreno desolado, no permanezcas. En terreno circundado, recurre a estratagemas. En terreno de muerte, libra batalla.

3. Hay sendas que no se siguen; ejércitos contra los que no se arremete; ciudades que no se atacan; territorios que no se disputan; órdenes del soberano que no se obedecen.

4. El general que entienda a cabalidad las ventajas implícitas en las nueve variables sabrá cómo utilizar sus efectivos.

5. El general que no entienda las ventajas implícitas en las nueve variables, por más que conozca la configuración del terreno, no sabrá cómo sacar provecho práctico de ese conocimiento.

6. Y el militar que no domine las tácticas aplicables a las nueve variables, por más que conozca las cinco ventajas, no sabrá cómo utilizar de modo óptimo sus efectivos.

7. Por eso, en las deliberaciones del general prudente han de confluir de modo simultáneo consideraciones de ventaja y desventaja.

8. Si se contrapesan así las consideraciones de ventaja, los planes que se elaboren se podrán ejecutar con confianza.

9. Y si se ponderan así las consideraciones de desventaja, las situaciones adversas se podrán superar.

10. Somete a los cabecillas hostiles infligiéndoles daño. Fustígalos y mantenlos ocupados. Haz que se apresuren hacia un lugar y hacia otro sirviéndote de ardides y de tretas.

11. La doctrina bélica enseña que no hay que fiarse de la posibilidad de que no arribe el enemigo sino de lo preparados que estemos para aguardarlo; no hay que fiarse de la posibilidad de que no ataque el enemigo sino de lo inexpugnable que hayamos hecho nuestra posición.

12. Hay cinco rasgos peligrosos en el carácter del general: (1) Si es temerario, podrán darle muerte. (2) Si es cobarde, podrán capturarlo. (3) Si es irascible, podrán azuzarlo. (4) Si es susceptible, podrán injuriarlo. (5) Si es compasivo, podrán moverlo a la lástima.

13. Estos son los cinco excesos del general, una auténtica calamidad para la conducta de la guerra.

14. La derrota de un ejército y la muerte de su general serán resultado ineluctable de estos cinco graves defectos. Es imperativo analizarlos con cuidado.

Capítulo VIII. Versículo 12. Hay cinco rasgos peligrosos en el carácter del general: (1) Si es temerario, podrán darle muerte. (2) Si es cobarde, podrán capturarlo. (3) Si es irascible, podrán azuzarlo. (4) Si es susceptible, podrán injuriarlo. (5) Si es compasivo, podrán moverlo a la lástima.

IX

Al hacer avanzar el ejército

Sun Tzu dijo:

1. Ésta es la forma de tomar posición y confrontar al enemigo: cuando te topes con montañas, atraviésalas a paso veloz, permaneciendo en todo momento en cercanía de los valles.

2. Acampa en terreno elevado, de cara al sol. Combate cuesta abajo. No trates de atacar, ascendiendo. Es así como se toma posición en las montañas.

3. Cuando te topes con cursos de agua, crúzalos y, en cuanto llegues a la orilla, aléjate de ellos.

4. Digamos que una fuerza invasora está a punto de atravesar un río en su marcha hacia adelante. No te enfrentes a ella en el agua. Aguarda a que la mitad de sus hombres haya cruzado el río para luego arremeter.

5. Y digamos que eres tú quien quiere trabar combate. No te enfrentes a la fuerza invasora a orillas de un río que ésta deba cruzar.

6. Atraca siempre más arriba que el enemigo, de cara al sol. No trates de atacar, remontando la corriente. Ésa es la forma de tomar posición donde haya cursos de agua.

7. Cuando te topes con marismas salobres, centra toda tu atención en cruzarlas con la mayor celeridad, sin demora alguna.

8. Ahora bien, si llegaras a encontrarte con el enemigo en medio de la marisma, toma posición junto al agua y los cañizales, de espaldas a algún conjunto de árboles. Ésa es la forma de tomar posición en las marismas de agua salada.

9. En terreno llano, busca una posición que facilite la acción. Que a tu derecha y tus espaldas queden las alturas; de frente tendrás la muerte y detrás, la vida. Así se ha de tomar posición en terreno llano.

10. Gracias a estas cuatro posiciones, y a las ventajas que confieren al ejército, el Emperador Amarillo se impuso sobre cuatro soberanos.

11. En definitiva, el ejército preferirá el terreno alto al bajo y buscará lugares soleados, rehuyendo siempre los oscuros.

12. Así, por una parte se mantendrá en terreno sólido y por otra gozará de buena salud, con lo cual, libre de las cien aflicciones, podrá obtener la victoria.

13. Cuando te topes con colinas, cerros, diques o atracaderos, toma posición en la parte soleada, con las laderas a tu derecha y tus espaldas. Estas posiciones, además de ser beneficiosas para tus hombres, te permitirán aprovechar las ventajas del terreno.

14. Cuando, por las lluvias aguas arriba, el río que desees cruzar se encuentre crecido y torrentoso, aguarda hasta que bajen las aguas.

15. Cuando te topes con torrentes que se despeñen por hondos precipicios o con hondonadas celestiales, cañones celestiales, espesuras celestiales, fosas celestiales o grietas celestiales, apártate de ellos cuanto antes y no te vuelvas a acercar.

16. Mantente tú a cierta distancia de esos parajes pero induce al enemigo a que avance hacia ellos. Haz lo necesario para que te queden a ti de frente y en cambio al enemigo le queden de espaldas.

17. Cuando en cercanías de tu campamento haya algún desfiladero, alguna laguna circundada de maleza, alguna depresión en que abunden altas cañas, algún bosque con densa vegetación baja, inspecciónalo con cuidado pues se trata del tipo de lugar en que se tienden emboscadas o acechan los espías.

18. Si el enemigo está cerca pero se mantiene inmóvil es que se encuentra en posición favorable.

19. Si está lejos y trata de provocar la batalla es que desea que el adversario avance.

20. Sin duda el terreno que ocupa le confiere alguna ventaja.

21. Si se ven mover los árboles es que se acerca el enemigo. Si te tropiezas con sendos obstáculos entre la maleza es que el enemigo trata de alarmarte.

22. Si las aves levantan vuelo es que el enemigo se está ocultando. Si los animales salvajes parten despavoridos es que el enemigo ha iniciado un ataque repentino.

23. Una polvareda alta y en columnas nítidas indica que se acercan los carros de batalla. Una polvareda baja y extensa indica que se acerca la infantería. Cuando la polvareda es difusa, se acercan los que recogen la leña. Cuando se levantan nubecillas dispersas, el enemigo acampa con su ejército.

24. Cuando el enemigo te dirige palabras humildes pero multiplica sus preparativos es que va a avanzar. Cuando te dirige palabras amenazantes y marcha resuelto hacia adelante, como amagando con atacar, es que se va a retirar.

25. Cuando lo primero que aparece son los carros ligeros y estos toman posición en los flancos es que el enemigo se forma para la batalla.

26. Cuando el enemigo te pide tregua, sin que medie pacto previo, es que aplica estratagemas.

27. Cuando sus hombres primero se afanan y luego se ponen en fila es que ha llegado el momento de la verdad.

28. Cuando la mitad de sus hombres avanza y la otra mitad se retira es que el enemigo trata de atraerte con triquiñuelas.

29. Cuando los soldados se apoyan en sus lanzas es que están hambrientos.

30. Cuando los encargados de sacar agua del pozo beben antes de llevarla al campamento es que están sedientos.

31. Cuando el enemigo ve cierta ventaja pero no avanza es que sus hombres se encuentran exhaustos.

32. Cuando se ven revolotear aves sobre alguno de los lugares que ha ocupado el enemigo es que el lugar ha quedado vacío. Cuando se oye clamor por las noches en el campamento del enemigo es que cunde el nerviosismo entre sus filas.

33. Cuando reina el desorden en el campamento del enemigo es que el general al mando no tiene mayor autoridad. Cuando se ven mover de un lugar a otro las banderas e insignias es signo de posible sedición. Cuando los oficiales están irritados es que los soldados se encuentran cansados.

34. Cuando los soldados les dan el pienso a los caballos y matan el ganado para comérselo, ellos; cuando los soldados no cuelgan las ollas y los peroles sobre los fogones, lo que indica que no regresarán a sus tiendas de campaña, es que el enemigo está desesperado.

35. Cuando los soldados susurran en corrillos o conversan en voz baja es que hay descontento entre las filas.

36. Si las recompensas son demasiado frecuentes es que el general está agobiado y no sabe qué otra cosa hacer. Si los castigos son demasiado frecuentes es que el general se encuentra en la más completa desesperación.

Capítulo IX. Versículo 26. Cuando el enemigo te pide tregua, sin que medie pacto previo, es que aplica estratagemas.

Capítulo IX. Versículo 43. O sea que trata a tus efectivos con magnanimidad e incúlcales a todos una férrea disciplina militar. Ésa es la vía más segura hacia la victoria.

37. Si los oficiales adoptan un tono amenazante ante sus hombres y luego les demuestran temor es que carecen de la más mínima habilidad.

38. Cuando el enemigo te dirige palabras de encomio es que desea una tregua.

39. Cuando las fuerzas enemigas primero marchan, enardecidas, y luego permanecen quietas de cara a las nuestras, sin arremeter ni retirarse, se trata de algo que hay que vigilar con sumo cuidado.

40. En la guerra, los números solos no confieren ventaja. No avances fiándote del mero poderío militar. Basta con que evalúes con precisión al enemigo y concentres toda tu fortaleza en capturarlo. Eso es todo.

41. Ahora bien, el que carezca de visión y subestime al enemigo tarde o temprano caerá en sus manos.

42. Si castigas a tus efectivos antes de ganarte su lealtad, no te favorecerán con su obediencia y, si no te obedecen, te será difícil servirte de ellos. Por otra parte, si te son leales y no les aplicas los castigos que impartes, te será imposible servirte de ellos.

43. O sea que trata a tus efectivos con magnanimidad e incúlcales a todos una férrea disciplina militar. Ésa es la vía más segura hacia la victoria.

44. Si tus hombres perciben constancia en las órdenes que impartes desde que comienzas a adiestrarlos, te favorecerán con su obediencia; si perciben inconstancia, se mostrarán rebeldes.

45. Para que reine la concordia, el general ha de exhibir constancia al dictar sus órdenes y los soldados han de saber que pueden ejecutar esas órdenes con confianza.

X

Configuración del terreno

Sun Tzu dijo:

1. El terreno se puede clasificar según su configuración en (1) abierto, (2) escabroso, (3) incierto, (4) estrecho, (5) escarpado y (6) distante.

2. Abierto es el tipo de terreno que cualquiera de los contrincantes puede cruzar con igual facilidad.

3. En los terrenos de esta naturaleza, para quedar en situación ventajosa, tendrás que ser el primero en ocupar una posición elevada y soleada, desde la que puedas vigilar con comodidad las rutas de abastecimiento.

4. Escabroso es el tipo de terreno que se abandona con facilidad pero sólo se logra reocupar con dificultad.

5. En un terreno así configurado, si sorprendes al enemigo y lo embistes, podrás derrotarlo fácilmente; pero si el enemigo te está aguardando y no logras imponerte sobre él, el resultado será desastroso pues te será difícil volver atrás.

6. Recibe el nombre de incierto el terreno que presenta las mismas desventajas para ambos contendientes.

7. Si te encuentras en un terreno con estas características, no avances por más ventajas que te ofrezca el enemigo. Por el contrario, trata de atraerlo fingiendo la retirada, y no arremetas contra él hasta que no tengas a la vista a la mitad de sus hombres.

8. En cuanto a los terrenos estrechos, como los pasos de montaña, si logras ser el primero en ocuparlos, guarnécelos muy bien con tus tropas y aguarda la llegada del enemigo.

9. Ahora bien, si el enemigo ya ocupa el terreno estrecho, y lo ha copado con sus tropas, no trates de perseguirlo; persíguelo sólo si sus tropas no colman el lugar.

10. Respecto de los terrenos escarpados, si logras llegar a ellos antes que tu adversario, tomarás posición en un sitio elevado y soleado desde el que puedas aguardar su llegada en condiciones favorables.

11. Ahora bien, si el enemigo ocupa ya una posición ventajosa, no lo persigas; emprende la retirada, y trata de atraerlo hacia el lugar en que te encuentres.

12. Cuando media una distancia grande entre los dos contendientes, suponiendo que la fortaleza de ambos ejércitos sea equivalente, los dos tendrán dificultad en trabar combate. En tal caso, no resultará ventajoso atacar.

13. Éstas son las enseñanzas aplicables a los seis tipos de terreno mencionados, y es responsabilidad primordial de todo militar de alto rango estudiarlas con detenimiento.

14. Ahora bien, toda confrontación bélica puede desembocar en seis situaciones desastrosas como resultado, no de causas naturales, sino de los defectos del general. Son estas situaciones: (1) la huida, (2) la insubordinación, (3) el entorpecimiento, (4) el descalabro, (5) el caos y (6) la ruina.

15. Si una fuerza es llevada a atacar a otra diez veces más numerosa, suponiendo que en todo lo demás sean éstas equivalentes, el resultado será la huida de la pequeña.

16. Cuando los soldados rasos exhiben gran fortaleza y en cambio los oficiales que los dirigen son débiles, el resultado será la insubordinación de la tropa. Cuando los oficiales son fuertes y valerosos y en cambio los soldados son débiles, se producirá una situación de entorpecimiento.

17. Cuando los oficiales de alto rango se muestran indignados y descontentos y, al toparse con el enemigo, resentidos como están, acometen solos la batalla, antes de que el comandante en jefe haya podido decirles si está en condiciones de combatir o no, el resultado será el descalabro del ejército.

18. Cuando el general es débil y no sabe mantener una disciplina estricta; cuando expide órdenes e instrucciones confusas; cuando no se rige por reglamentos perentorios al definir las funciones de unos y otros, o cuando los soldados se forman en filas toscas, el resultado será el caos.

19. Cuando el general se muestra incapaz de evaluar al enemigo y por esa incapacidad toma decisiones erróneas, como utilizar una fuerza pequeña para enfrentar a una grande o enviar un destacamento débil a embestir a uno fuerte, o cuando omite acciones fundamentales como reforzar la vanguardia con hombres muy selectos, el resultado será la ruina.

20. Si prevalece alguna de estas seis situaciones, el ejército se encontrará próximo a la derrota, algo que todo general de alto rango deberá tener muy en cuenta.

Capítulo X. Versículo 25. Si cuidas de tus hombres como de tus propios hijos, se adentrarán contigo hasta en los más profundos valles; si cuidas de tus efectivos como de tus amados hijos, te seguirán hasta la muerte.

21. Las características físicas del terreno revisten importancia capital en toda confrontación bélica. Ahora bien, las cualidades que distinguen al general preclaro son la capacidad de evaluar al enemigo y de administrar las fuerzas de la victoria mediante un cálculo astuto de dificultades, peligros y distancias.

22. Quien tenga en cuenta todo ello al combatir, obtendrá la victoria; quien no, sin duda será derrotado.

23. Si estás seguro de que la batalla culminará en la victoria, aunque el soberano ordene no atacar, podrás optar por combatir; si estás seguro de que el resultado de la batalla será la derrota, aunque el soberano ordene atacar, tú te abstendrás de hacerlo.

24. El general que al avanzar no busque la fama y al retirarse no eluda la culpa; el general cuyo único propósito sea defender su país y prestarle un servicio esmerado al soberano será el más preciado tesoro.

25. Si cuidas de tus hombres como de tus propios hijos, se adentrarán contigo hasta en los más profundos valles; si cuidas de tus efectivos como de tus amados hijos, te seguirán hasta la muerte.

26. Ahora bien, si eres indulgente pero no sabes imponer tu autoridad; si eres bondadoso pero incapaz de hacer ejecutar las órdenes; si no logras acallar el desorden entre las filas, tus soldados serán, todos, como hijos malcriados, y no te servirán.

27. Cuando sabemos que nuestros hombres están en condiciones de atacar, pero no sabemos que el enemigo se encuentra en posición inexpugnable, sólo habremos conseguido la mitad de la victoria.

28. Cuando sabemos que el enemigo está en situación vulnerable, pero no sabemos que nuestros hombres no están en condiciones de atacar, sólo habremos conseguido la mitad de la victoria.

29. Cuando sabemos que el enemigo está en situación vulnerable y que nuestros soldados están en condiciones de atacar, pero no sabemos que por la naturaleza del terreno la batalla no resultaría conveniente, sólo habremos conseguido la mitad de la victoria.

30. Por eso, los diestros en la guerra no yerran al actuar. Antes de adoptar cualquier decisión, sopesan infinitas posibilidades.

31. Por eso se dice: conoce a tu adversario y conócete a ti mismo, y así no peligrará la victoria. Conoce el cielo y la tierra, y así la victoria será cabal.

XI

Los nueve terrenos

Sun Tzu dijo:

1. Respecto del uso del ejército, el terreno se puede clasificar en: (1) terreno propicio a la dispersión, (2) terreno aledaño, (3) terreno clave, (4) terreno despejado, (5) terreno de confluencia, (6) terreno retirado, (7) terreno difícil, (8) terreno circundado y (9) terreno de muerte.

2. Cuando el señor de un clan combate en su propio territorio se encuentra en terreno propicio a la dispersión.

3. Cuando ese mismo señor penetra en territorio hostil, pero sin adentrarse mucho en él, se encuentra en terreno aledaño.

4. El territorio cuya posesión confiera gran ventaja a cualquiera de los contendientes se llama terreno clave.

5. Recibe el nombre de despejado el terreno en el que los distintos contendores pueden moverse con libertad.

6. Un territorio desde el que se tenga acceso a tres estados contiguos, gracias a cuya situación el primero en tomárselo pueda adueñarse de todo bajo el cielo, se llama terreno de confluencia.

7. Cuando un ejército se interna muy adentro en territorio hostil, dejando a sus espaldas ciudades y aldeas fortificadas, se encuentra en terreno retirado.

8. Cuando un ejército cruza montañas, bosques o precipicios o atraviesa desfiladeros, marismas o pantanos, o sea rutas por las que resulta difícil avanzar, se encuentra en terreno difícil.

9. Recibe el nombre de circundado el terreno al que sólo se llega por gargantas estrechas y del que sólo se sale por senderos tortuosos, y en el que el enemigo, con unos cuantos de sus hombres, puede aplastar a muchos de los míos.

10. Se llama terreno de muerte aquél en el que sólo logramos sobrevivir si combatimos con la valentía extraordinaria que emana de la desesperación.

11. Por lo tanto, en territorio propicio a la dispersión no hay que combatir; en territorio aledaño no hay que detenerse. No hay que atacar a un enemigo que se haya apoderado de una territorio clave.

12. En territorio despejado no hay que permitir que se separen las huestes. En territorio de confluencia hay que forjar alianzas con los gobernantes de los estados vecinos.

13. En terreno retirado hay que saquear. En territorio difícil hay que marchar a paso sostenido.

14. En territorio circundado hay que concebir estratagemas. En territorio de muerte hay que librar batalla.

15. Los que antaño eran llamados diestros en la guerra sabían impedir que el enemigo uniera su vanguardia y retaguardia; que sus divisiones grandes cooperaran con las más pequeñas; que los mejores de sus hombres socorrieran a los menos capaces; que sus oficiales coordinaran a los subalternos.

16. Cuando las fuerzas enemigas se encontraban dispersas, impedían que se reagruparan; cuando estaban concentradas, sembraban la discordia entre ellas.

17. Tomaban la decisión de avanzar cuando resultaba ventajoso hacerlo; cuando no, se detenían.

18. Si me preguntan: "¿cómo aguardar a unas huestes enemigas bien formadas y en buen orden que estén a punto de atacar?" Mi respuesta será: "apodérate de aquello que más precie el enemigo, y así lo tendrás plegado a tu voluntad".

19. La rapidez es la esencia de la guerra. Aprovecha las debilidades del enemigo. Viaja por sendas inesperadas. Ataca posiciones desprotegidas.

20. Según los principios aplicables a las fuerzas invasoras, mientras más a fondo penetres en territorio hostil, mayor concordia reinará entre tus tropas, con lo que quienes se defienden contra ti no lograrán imponerse.

21. Incursiona en territorios feraces para que tus hombres dispongan de alimentos en abundancia.

22. Preocúpate del bienestar de tus soldados y no les impongas faenas innecesarias. Cultiva su *ch'i*, y conserva sus fuerzas. Cuida de que las estrategias que concibas para el avance del ejército resulten insondables.

Capítulo XI. Versículo 22. Preocúpate del bienestar de tus soldados y no les impongas faenas innecesarias. Cultiva su *ch'i,* y conserva sus fuerzas. Cuida de que las estrategias que concibas para el avance del ejército resulten insondables.

23. Coloca a tus soldados en posiciones de las que no puedan escapar y, más bien que huir, morirán. Y si están dispuestos a morir, no hay nada que no puedan lograr. De oficiales y hombres que encaren la muerte, ¿cómo no obtener suma valentía?

24. En situación desesperada, perderán el temor. Si no se pueden escabullir, se batirán con arrojo. Si se encuentran muy adentro en territorio hostil, se enfrentarán con denuedo. Si no hay escapatoria, lucharán a brazo partido.

25. En trance difícil, los soldados, sin aguardar advertencias, permanecerán vigilantes; sin esperar instrucciones, te ofrecerán su apoyo; sin que te esfuerces por obtener su lealtad, te harán acreedor a ella; sin que te afanes por merecer su confianza, te considerarán digno de ella.

26. Prohíbe el recurso a presagios y elimina las dudas supersticiosas, de modo que hasta el momento de la muerte nada parezca grave entre tus filas.

27. Mis hombres no tienen riqueza en demasía, y no es que les disgusten los bienes materiales; tampoco esperan vivir demasiados años, y no es que tengan algo en contra de la longevidad.

28. El día en que los soldados reciben la orden de marchar, prorrumpen en llanto: las lágrimas de los que se encuentran sentados humedecen sus solapas; las de los que se encuentran reclinados resbalan por sus mejillas. Pero colócalos en un lugar del que no se puedan escabullir y exhibirán la valentía de un Chuan Chu y un Ts'ao Kuei.

29. Las tropas de alguien diestro en el uso del ejército se asemejan a una *shuai-jan*. La *shuai-jan* es una serpiente que habita en el Monte Ch'ang. Si le asestas un golpe en la cabeza, te atacará con la cola. Si le asestas un golpe en la cola, te atacará con la cabeza. Golpéala en toda la mitad y te atacará con cabeza y cola.

30. Si me preguntan si es posible transformar el ejército en una *shuai-jan,* mi respuesta será: ¡claro que sí! Los de Yüeh y los de Wu se odian a muerte, pero si al cruzar el río en la misma embarcación se desata una tormenta, se ayudarán entre sí como mano derecha e izquierda.

31. Por lo tanto, no te fíes únicamente de que estén uncidos los caballos y enterradas las ruedas de los carros.

32. Exige a tus hombres un nivel uniforme de valentía. Ése es precisamente el objetivo de la dirección de las fuerzas armadas.

Capítulo XI. Versículo 27. Mis hombres no tienen riqueza en demasía, y no es que les disgusten los bienes materiales; tampoco esperan vivir demasiados años, y no es que tengan algo en contra de la longevidad.

33. ¿Y cómo aprovechar de modo óptimo tanto a los fuertes como a los débiles? Pues aprendiendo a servirte de modo apropiado del terreno.

34. El general hábil dirige su ejército como si dirigiera un solo hombre.

35. Ser sereno e inescrutable, recto y mesurado han de ser características fundamentales del general.

36. El general ha de ser capaz de despistar hasta a sus propios oficiales y soldados, de modo que ni ellos se enteren de sus planes.

37. Si modifica sus disposiciones y altera sus planes, nadie sabrá lo que hace. Si muda de lugar el campamento y toma por rutas sinuosas, nadie descubrirá sus propósitos.

38. Ha de fijar la fecha de reunión del ejército y, una vez concentrados sus hombres, cortar las vías de regreso, como haciéndolos subir a un sitio elevado para tumbar luego la escalera.

39. Ha de quemar sus naves y quebrar sus peroles y marmitas. Ha de guiar sus efectivos como si guiara un rebaño de ovejas, llevándolos por aquí, llevándolos por allí, sin que nadie entienda hacia dónde se dirigen.

40. Reunir las huestes y sumirlas en posición desesperada ha de ser función esencial del general.

41. Algunas cuestiones que requieren suma atención son las variaciones tácticas correspondientes a los nueve tipos de terreno, las ventajas que podemos derivar de un despliegue agresivo o uno defensivo, y las leyes fundamentales de la naturaleza humana.

42. Por regla general, cuando un ejército invade un territorio hostil, si se interna muy adentro, reinará armonía entre las tropas; si sólo penetra un poco, se encontrará en terreno propicio a la dispersión.

43. Si dejas atrás tu territorio y penetras con el ejército en terreno vecino, te encontrarás en un sitio clave. Cuando existen caminos hacia los cuatro costados, te encontrarás en terreno de confluencia.

44. Si te internas muy adentro en un territorio, te encontrarás en terreno retirado. Si sólo penetras un poco, te encontrarás en terreno aledaño.

45. Si a tus espaldas han quedado ciudades amuralladas del enemigo y frente a ti tienes pasos estrechos estarás en terreno circundado. Cuando no haya escapatoria, estarás en terreno de muerte.

Capítulo XI. Versículo 35. Ser sereno e inescrutable, recto y mesurado han de ser características fundamentales del general.

46. Dicho de otro modo, en terreno propicio a la dispersión aunaremos la voluntad de las tropas. En terreno aledaño velaremos por que reine una relación armoniosa entre todos los elementos del ejército.

47. En terreno clave hay que lograr que la retaguardia acelere el paso.

48. En terreno despejado hay que vigilar las defensas. En terreno de confluencia consolidaremos nuestras alianzas.

49. En terreno retirado haremos lo necesario para que no nos falten nunca provisiones. En terreno difícil nos concentraremos en seguir avanzando por los caminos.

50. En terreno circundado obstruiremos las entradas y salidas. En terreno de muerte anunciaremos a nuestros hombres que no tenemos ninguna probabilidad de sobrevivir.

51. Porque lo propio del soldado es resistir con denuedo cuando se ve rodeado; batirse hasta la muerte cuando ésa es su única opción, y obedecer sin reparos cuando se encuentra en situación desesperada.

52. Si no conocemos las intenciones de los gobernantes vecinos, ¿cómo forjar alianzas con ellos? Si desconocemos la conformación precisa de montañas y de bosques, desfiladeros y gargantas, ciénagas y pantanos, ¿cómo hacer avanzar el ejército? Si no utilizamos guías locales, ¿cómo aprovechar las ventajas del terreno?

53. El general que desconozca alguno de estos tres principios no sabrá guiar los ejércitos de un príncipe que busque la supremacía.

54. Cuando un príncipe con aspiraciones supremas ataca un estado poderoso, impide que se concentren las fuerzas enemigas. Propaga rumores sobre el carácter temible de sus tropas, y así evita que los aliados de ese estado se unan contra él.

55. Ese príncipe ni busca aliados en todas partes bajo el cielo ni cultiva el poderío de otros estados. Se sirve de su capacidad de intimidación para lograr sus designios y de esa manera se apodera de las ciudades del enemigo y subvierte el gobierno del enemigo.

56. Al otorgar recompensas, hazlo sin ceñirte a la costumbre. Al expedir órdenes, hazlo sin atenerte al precedente. Así lograrás dirigir el ejército entero como si se tratara de una sola persona.

Capítulo XI. Versículo 58. Ponlos en situación de grave riesgo, que a pesar de ello sobrevivirán. Súmelos en terreno de muerte, que a pesar de ello vivirán.

57. Anuncia a tus soldados sus funciones sin revelarles nunca tus propósitos. Utilízalos para obtener la ventaja militar que busques sin explicarles nunca los peligros.

58. Ponlos en situación de grave riesgo, que a pesar de ello sobrevivirán. Súmelos en terreno de muerte, que a pesar de ello vivirán.

59. Y es que es precisamente cuando el ejército se encuentra en trance desesperado cuando logra transformar en victoria la derrota.

60. El éxito de las acciones militares radica en saber responder a los propósitos del enemigo.

61. Si concentras tus fuerzas en un flanco determinado, lograrás abatir al general enemigo aunque estés a una distancia de mil *li*.

62. Ésa es la capacidad de obtener algo mediante un cálculo astuto.

63. El día en que tengas previsto atacar, cierra las fronteras, rescinde los salvoconductos oficiales, y corta el paso a los emisarios del enemigo.

64. Desde la tribuna del templo exhorta a los asistentes a cumplir lo convenido.

65. Si el enemigo deja abierta alguna compuerta, penetra de inmediato.

66. Anticípate a él apoderándote de algo que precie, y cíñete al calendario secreto que hayas elaborado.

67. Atendiendo a la doctrina bélica, observa con cuidado la situación del enemigo para decidir el momento de la batalla.

68. Primero muéstrate tímido como una doncella, pero en cuanto el enemigo te ofrezca una oportunidad exhibe la rapidez de la liebre. Así el enemigo no logrará resistirte.

XII

Ataques con fuego

Sun Tzu dijo:

1. Hay cinco formas de atacar con fuego. La primera es quemar los soldados en su campamento. La segunda es hacer arder los almacenes. La tercera es incendiar el equipo. La cuarta es hacer estallar los arsenales y armerías. La quinta es lanzar proyectiles incendiarios contra el enemigo.

2. Para lanzar ataques con fuego, hay que disponer de los medios necesarios y tener siempre a mano el material apropiado.

3. Existen una estación propicia y días apropiados para los incendios.

4. La estación propicia es aquélla en que los cielos se muestran completamente secos. Los días apropiados son aquellos en que la luna se encuentra en las constelaciones del Tamiz, el Muro, el Ala o el Travesaño, o sea los días en que sopla el viento.

5. Al atacar con fuego, hay que estar preparado para responder a cinco situaciones.

6. (1) Si llega a estallar un incendio dentro del campamento enemigo, responde de inmediato a éste, lanzando tú un ataque desde el exterior.

7. (2) Si llega a estallar un incendio dentro del campamento enemigo pero ves que las tropas guardan la calma, no ataques; aguarda otra oportunidad.

8. (3) Cuando la fuerza de las llamas haya llegado a su punto máximo, y si resulta posible, avanza contra el enemigo. Si el ataque no resulta conveniente, permanece en tu lugar.

9. (4) No aguardes a que alguien provoque un incendio dentro del campamento enemigo si puedes tú hacerlo desde el exterior; eso sí, espera a que sea el momento propicio.

10. (5) Si has hecho estallar un incendio en la dirección desde la que sopla el viento, no ataques sotavento.

11. Cuando el viento sopla de día, lo hace durante largas horas. Cuando sopla por la noche, amaina pronto.

12. El ejército debe conocer muy bien las cinco situaciones que pueden surgir cuando se ataca con fuego; calcular los movimientos de los astros, y mantenerse alerta.

13. Quienes utilizan el fuego para reforzar sus ataques demuestran perspicacia; quienes se sirven del agua para reforzar sus ataques demuestran poderío.

14. El agua puede aislar al enemigo mas no puede destruir todas sus pertenencias.

15. Ahora bien, inútil sería que ganáramos batalla tras batalla y nos impusiéramos contra el enemigo si luego no lográramos aprovechar esos triunfos; habríamos perdido el tiempo y pronto nos encontraríamos en una situación general de estancamiento.

16. Por eso se dice: "el gobernante preclaro reflexiona mucho acerca de sus planes, y el buen general cuida muy bien sus recursos".

17. Si un acto no beneficia al estado, no lo realices. Si una acción militar no redunda en algún tipo de ventaja, no utilices tus tropas para obtenerla. Si no te encuentras en situación crítica, no optes por combatir.

18. Pues ni la cólera es razón suficiente para que un gobernante reúna su ejército ni la animadversión lo es para que un general libre batalla.

19. Si algo es ventajoso, avanza; de otro modo, permanece en tu lugar.

20. Ya que la cólera puede transformarse nuevamente en complacencia, y el rencor, en agrado.

21. Pero ni un estado que desaparezca puede volver a existir ni pueden volver a vivir quienes hayan perdido la vida.

22. Por eso, el soberano preclaro exhibe prudencia y el general excelso se cuida de no tomar decisiones intempestivas. Ésa es la forma de salvaguardar el estado y preservar el ejército.

Capítulo XIII. Versículo 9. Al espía local lo reclutaremos de entre la población de la comarca.

XIII

Uso de espías

Sun Tzu dijo:

1. Cuando reunimos un ejército de cien mil soldados y lo enviamos en campaña de mil *li*, los gastos de los cien clanes y los egresos del reino ascenderán a mil piezas de oro al día. Reinará la zozobra dentro y fuera del territorio. Muchos se desplomarán, agotados, por las vías, y setecientos mil hogares se verán privados de su sustento.

2. Un general que permaneciera enfrentado al enemigo durante largos años, tratando de lograr una victoria decisiva y, por escatimar honores o unas cuantas piezas de oro, dejara de recibir información valiosa sobre la situación del enemigo sería alguien por completo desprovisto de humanidad.

3. No sería apto para dirigir el ejército del soberano, ni podría ser su brazo derecho. Y no alcanzaría la victoria.

4. Ahora bien, aquello de lo que se sirven el gobernante preclaro y el general prudente para imponerse sobre sus adversarios y conquistar méritos superiores a los del común de los mortales es el conocimiento del futuro o la presciencia.

5. La llamada presciencia no es algo que podamos derivar de los espíritus ni de los dioses. No es algo que pueda inferirse de los acontecimientos pasados ni deducirse de cálculo alguno.

6. Es algo que se obtiene de quienes conocen bien al enemigo.

7. Por ello, debemos recurrir a cinco tipos de espía: el espía local, el espía próximo al enemigo, el espía tránsfugo, el espía destinado a morir y el espía destinado a vivir.

8. Cuando nos servimos de los cinco, y nadie descubre lo que hacen, se crea una especie de red de inteligencia suprema, red de valor incalculable para cualquier soberano.

9. Al espía local lo reclutaremos de entre la población de la comarca.

10. Al espía próximo al enemigo lo seleccionaremos de entre los oficiales del círculo interno del enemigo.

11. El espía tránsfugo será un espía del enemigo que haremos nuestro.

12. El espía destinado a morir será un espía nuestro al que intencionalmente daremos información falsa.

13. El espía destinado a vivir será aquél que nos traerá información del campamento enemigo.

14. En todo el ejército no existirá relación más íntima que la que reine entre un general y un espía; recompensa más generosa que la que se otorgue a un espía; cuestión más confidencial que la relacionada con el uso de un espía.

15. Si carecemos de sagacidad y tino, no sabremos cómo servirnos de los espías que hayamos reclutado.

16. Si carecemos de benevolencia e integridad, no sabremos cómo tratarlos.

17. Si no estamos dotados de buen juicio y sutileza, no sabremos cómo determinar la veracidad de lo que nos dicen.

18. Sé sutil, sigiloso, y aprende a servirte de espías para todo tipo de asuntos.

19. Si un espía divulga los detalles de una acción secreta antes de tiempo, tendrás que abatirlo, junto con todos aquellos a los que haya revelado el plan.

20. Que trates de aplastar un ejército, atacar una ciudad o asesinar a una persona, lo primero que tendrás que hacer será enterarte del nombre y apellido del general a cargo de la defensa, y de sus asistentes, edecanes, porteros y centinelas. Pide a tus espías que te consigan toda esa información.

21. Luego deberás desenmascarar a los espías que el enemigo haya enviado a tu campamento, y ganarte su lealtad a punta de dádivas. Alójalos en habitaciones cómodas y dales nuevas instrucciones. Es así como se reclutan los espías tránsfugos.

22. Con la información que nos proporcione el espía tránsfugo, pasaremos a reclutar espías locales y espías cercanos al enemigo.

23. Con la información que nos proporcionen el espía local y el cercano al enemigo, daremos información falsa al espía destinado a morir para que la propague en el campamento enemigo.

Capítulo XIII. Versículo 10. Al espía próximo al enemigo lo seleccionaremos de entre los oficiales del círculo interno del enemigo.

Capítulo XIII. Versículo 25. Lo que buscamos al utilizar los cinco tipos de espías es obtener información sobre el enemigo y, como esa información sólo nos la puede proporcionar en primera instancia el espía tránsfugo, será crucial tratarlo con suma generosidad.

24. Y con esa información, nos serviremos, en el momento oportuno, del espía destinado a vivir.

25. Lo que buscamos al utilizar los cinco tipos de espías es obtener información sobre el enemigo y, como esa información sólo nos la puede proporcionar en primera instancia el espía tránsfugo, será crucial tratarlo con suma generosidad.

26. En tiempos antiguos, la dinastía Yin se impuso gracias a la colaboración de I Chih, que había trabajado para los Hsia. Asimismo, la dinastía Chou se impuso gracias a la colaboración de Lü Ya, que había trabajado para los Yin.

27. Si el gobernante excelso y general hábil logran reclutar espías de honda capacidad y discernimiento, grandes serán sus triunfos. Las acciones secretas son esenciales en la guerra, y bien haría el ejército en fundarse en ellas para adoptar hasta la más mínima decisión.

Glosario

Ch'i

El símbolo *ch'i,* 氣, representa la respiración y la fuerza vital a ella asociada: el aliento, el ánimo, la fuerza moral. Es también la sustancia etérea que lo compone todo, o sea el soplo de vida, el espíritu. En el Arte de la Guerra alude, en particular, al ánimo y la moral del ejército.

Jen (o ren)

Antigua unidad de medida equivalente aproximadamente a 2.5 metros.

Li

Unidad de medida equivalente aproximadamente a 500 metros.

Shih

El *shih,* 兵勢, que carece de contraparte en las lenguas occidentales, denota energía en potencia y, de allí, el posible aprovechamiento estratégico de una situación dada. En El Arte de la Guerra, alude a la capacidad de captar y aprovechar en beneficio propio una dinámica particular.

Shuai-jan

Según Sun Tzu, la *shua-jan* es una serpiente que habita en el monte Ch'ang.

Tao

En sentido lato, se entiende por *tao* "vía", "camino", "arte". De esta acepción general emanan significados más específicos: los unos abarcan los patrones que rigen el mundo natural, los equilibrios de fuerzas del universo (de allí que el taoísmo sea la doctrina religiosa y filosófica que concibe el universo como un equilibrio de fuerzas), y los otros abarcan los preceptos que integran la ley moral, la virtud. En El Arte de la Guerra, *tao* alude a este conjunto de preceptos morales encarnados en el gobernante.

Yin y *Yang*

El *yin* y el *yang* representan dos principios naturales contrarios: el yin, la oscuridad; el yang, la luz; el yin, lo femenino; el yang, lo masculino; el yin, lo negativo, y el yang, lo positivo. En el Sun Tzu, *yin* y *yang* se refieren a la noche y el día.

Printed in the United States
By Bookmasters